LA VOIE DE LA RICHESSE

Démystifier la Science de l'Abondance

kouadio konan joel

Copyright © 2024 KOUADIO KONAN JOEL

All rights reserved

The characters and events portrayed in this book are fictitious. Any similarity to real persons, living or dead, is coincidental and not intended by the author.

No part of this book may be reproduced, or stored in a retrieval system, or transmitted in any form or by any means, electronic, mechanical, photocopying, recording, or otherwise, without express written permission of the publisher.

Cover design by: Art Painter
Library of Congress Control Number: 2018675309
Printed in the United States of America

CONTENTS

Title Page
Copyright
Introduction
Avant-propos
Preface
La Voie de la Richesse 1
La Voie de la Richesse 3
Chapitre 1 : Repenser la richesse 6
Chapitre 2 : Les principes de la richesse 22
Chapitre 3 : Les compétences financières essentielles 31
La Voie de la Richesse 49
Chapitre 4 : Les stratégies d'accumulation de richesse 50
Chapitre 5 : La gestion de l'argent 67
Chapitre 6 : L'entrepreneuriat et l'innovation 89
Chapitre 7 : Le mindset de la richesse 112
Chapitre 8 : La richesse au-delà de l'argent 134
Conclusion 152
Épilogue 154

INTRODUCTION

Bienvenue dans "La Voie de la Richesse : Démystifier la Science de l'Abondance". Si vous tenez ce livre entre vos mains, c'est probablement parce que vous aspirez à quelque chose de plus grand dans votre vie. Que vous soyez à la recherche de liberté financière, de sécurité pour votre famille, ou simplement de la possibilité de vivre pleinement selon vos propres termes, ce livre est conçu pour vous guider vers ces objectifs.

La richesse et l'abondance sont souvent perçues comme des concepts mystérieux, réservés à une minorité privilégiée ou liés à un coup de chance exceptionnel. Pourtant, à travers mes recherches et mes expériences personnelles, j'ai découvert que l'abondance est accessible à chacun d'entre nous, à condition de comprendre et de mettre en pratique certains principes universels. Ce livre vise à démystifier ces principes et à vous offrir un guide clair et pratique pour atteindre une prospérité durable.

Notre parcours commence par une exploration

des mythes entourant la richesse. Trop souvent, nous sommes conditionnés par des croyances limitantes qui nous empêchent de voir les opportunités qui s'offrent à nous. Nous démystifierons ces idées reçues et établirons une base de compréhension solide sur ce qu'est réellement la richesse.

Ensuite, nous plongerons dans les stratégies et les habitudes qui favorisent l'abondance. Chaque chapitre est dédié à un principe clé, soutenu par des exemples concrets et des études de cas inspirantes. Vous apprendrez comment gérer efficacement vos finances, investir intelligemment, développer des sources de revenus diversifiées et cultiver une mentalité de croissance.

Mais la richesse ne se limite pas aux aspects financiers. Une vie d'abondance englobe également la santé, le bien-être émotionnel, des relations enrichissantes, et un sentiment profond de contribution et de réalisation personnelle. En intégrant ces dimensions, vous pourrez construire une vie équilibrée et épanouie.

Ce livre ne propose pas de solutions rapides ni de raccourcis vers la richesse. Au contraire, il vous invite à embrasser un voyage de transformation personnelle. La route vers l'abondance exige de la discipline, de la persévérance, et un engagement à long terme. Cependant, les récompenses sont immenses pour ceux qui sont prêts à faire le travail nécessaire.

En lisant "La Voie de la Richesse", je vous encourage à réfléchir profondément à vos propres aspirations et à la manière dont vous pouvez appliquer ces principes dans votre vie quotidienne. Soyez prêt à remettre en question vos croyances actuelles, à adopter de nouvelles habitudes et à persévérer malgré les obstacles. Avec détermination et engagement, vous pouvez créer une vie riche de sens, de succès et de satisfaction.

Merci de vous joindre à moi dans cette aventure passionnante. Ensemble, découvrons comment démystifier la science de l'abondance et tracer notre propre voie vers la richesse.

À votre succès et prospérité,

kouadio konan joel

AVANT-PROPOS

La richesse et l'abondance sont des concepts souvent entourés de mystère et de malentendus. Pour certains, ils évoquent des images de luxe ostentatoire, de possessions matérielles et de privilèges. Pour d'autres, ils symbolisent la liberté, la sécurité et la capacité à vivre pleinement selon ses propres termes. Pourtant, malgré les nombreuses définitions et perceptions, une question demeure : comment accéder véritablement à cette abondance?

Ce livre, "La Voie de la Richesse : Démystifier la Science de l'Abondance", a été écrit pour répondre à cette question fondamentale. Il s'agit de partager des principes éprouvés et des stratégies pratiques qui peuvent transformer votre approche de la richesse. Au fil des pages, nous explorerons les chemins vers une vie d'abondance, en dépassant les mythes et en nous concentrant sur des réalités tangibles et accessibles.

Mon propre parcours m'a permis de rencontrer et d'apprendre des personnes qui ont réussi à atteindre une prospérité durable. Leurs histoires et leurs méthodes m'ont montré que la richesse n'est pas réservée à une élite, mais qu'elle est accessible à tous ceux qui sont prêts à s'engager dans un processus de changement et de croissance personnelle. Ce livre est une compilation de ces enseignements, enrichis par mes propres expériences et recherches.

Nous vivons à une époque où les opportunités sont vastes, mais où les défis peuvent également sembler insurmontables. Dans ce contexte, adopter une perspective éclairée et des habitudes constructives est plus crucial que jamais. Ce livre ne propose pas de recettes miracles, mais des chemins concrets et éprouvés vers l'abondance.

Dans ces pages, vous découvrirez que la véritable richesse va au-delà de l'argent et des biens matériels. Elle inclut la santé, le bien-être émotionnel, la qualité des relations, et la capacité à contribuer de manière significative à votre communauté. En démystifiant la science de l'abondance, ce livre vous offre les outils pour construire une vie équilibrée et prospère.

Je vous invite à aborder ce livre avec un esprit ouvert et une volonté de transformation. La voie de la richesse nécessite de la discipline, de la persévérance et un engagement à long terme. En appliquant les principes que vous découvrirez ici, vous serez en mesure de créer une vie riche de sens, de succès et de satisfaction.

Merci de me rejoindre dans cette exploration. Ensemble, découvrons comment démystifier la science de l'abondance et embrasser pleinement la voie de la richesse.

À votre succès et prospérité,

kouadio konan joel

PREFACE

La richesse et l'abondance ont toujours fasciné l'humanité. Depuis des siècles, des penseurs, des philosophes, et des hommes d'affaires se sont penchés sur les mystères de la prospérité, cherchant à comprendre les principes qui sous-tendent une vie riche et épanouie. Malgré cette quête incessante, beaucoup considèrent encore la richesse comme un concept mystique, réservé à une minorité privilégiée.

"La Voie de la Richesse : Démystifier la Science de l'Abondance" est né de la conviction que la prospérité n'est pas un hasard ni une question de chance, mais le résultat de principes et de pratiques spécifiques que tout le monde peut apprendre et appliquer. Ce livre vise à démystifier la science de l'abondance, en exposant des stratégies éprouvées et en éclairant les chemins vers une vie financièrement épanouie.

En écrivant ce livre, j'ai puisé dans mes propres expériences et celles de nombreux autres qui ont réussi à transformer leur vie financière. J'ai observé des schémas communs, des habitudes et des mentalités qui m'ont inspiré à partager ces découvertes. La richesse n'est pas seulement une accumulation de biens matériels; elle inclut également le bien-être émotionnel, la liberté de choix, et la capacité à contribuer positivement à la société.

Chaque chapitre de ce livre est conçu pour vous guider à travers les principes essentiels de l'abondance. Nous aborderons des concepts tels que la gestion intelligente de vos finances, l'investissement stratégique, et la création de sources de revenus diversifiées. Vous découvrirez également l'importance de cultiver une mentalité de croissance, de développer des compétences clés, et de maintenir une attitude positive face aux défis.

Je crois fermement que chacun de nous a le potentiel d'atteindre la richesse et l'abondance. Cependant, cela nécessite de la détermination, de la discipline, et une volonté de sortir de sa zone de confort. Ce livre est une invitation à explorer ces principes et à les intégrer dans votre vie quotidienne. Les idées présentées ici ne sont pas des solutions rapides ou des recettes magiques, mais des stratégies durables qui nécessitent du temps et de l'engagement.

En lisant "La Voie de la Richesse", je vous encourage à garder un esprit ouvert et une attitude proactive. Prenez le temps de réfléchir à vos propres objectifs financiers et à la manière dont vous pouvez appliquer les concepts abordés dans ces pages. Avec persévérance et détermination, vous pouvez non seulement atteindre la prospérité financière, mais aussi vivre une vie riche de sens et de satisfaction.

Je suis honoré de partager ce voyage avec vous et j'espère que ce livre vous inspirera à embrasser la science de l'abondance pour créer la vie que vous désirez et méritez.

Avec gratitude et espoir,

kouadio konan joel

LA VOIE DE LA RICHESSE

Démystifier la Science de l'Abondance"

LA VOIE DE LA RICHESSE

Démystifier la Science de l'Abondance

PREAMBULE

Dans notre quête de succès et de réalisation personnelle, la richesse est souvent perçue comme un saint Graal, un objectif ultime à atteindre. Mais que recouvre réellement ce concept ? Au-delà des simples chiffres sur un compte en banque ou des biens matériels que nous possédons, la richesse représente bien plus. Elle incarne la capacité à créer, à prospérer et à contribuer positivement à notre propre vie et à celles des autres.

Bien que la route vers la richesse puisse sembler pavée d'énigmes et de défis, elle est en réalité accessible à tous. Dans ce livre, intitulé "La

Voie de la Richesse : Démystifier la Science de l'Abondance", nous nous embarquons dans un voyage d'exploration de ce concept complexe et fascinant. Nous dénouerons les nœuds de la science de l'abondance, démystifiant les mystères qui entourent la création de richesse.

Ce livre n'offre pas des formules magiques ou des solutions rapides, mais il offre une perspective éclairée et holistique sur la richesse. Il explore les différentes dimensions de la richesse, qu'elles soient financières, spirituelles, sociales ou émotionnelles, et propose des conseils pratiques pour naviguer avec succès dans ce voyage vers l'abondance.

À travers ces pages, nous découvrirons que la richesse est bien plus qu'une accumulation de biens matériels ; c'est un état d'esprit, une façon de vivre et de contribuer au monde qui nous entoure. En comprenant les principes fondamentaux de la richesse et en adoptant une approche éclairée, nous pouvons tous aspirer à une vie de prospérité, de satisfaction et de sens profond.

Que ce livre soit une source d'inspiration et de guidance dans votre propre quête vers la richesse et l'abondance dans toutes les facettes de votre existence.

Bienvenue sur la Voie de la Richesse.

CHAPITRE 1 : REPENSER LA RICHESSE

Introduction

Le concept de richesse évoque souvent des images de voitures luxueuses, de maisons somptueuses et de comptes bancaires bien remplis. Cependant, il est essentiel de repenser notre perception de la richesse et de comprendre qu'elle va bien au-delà des biens matériels. Ce premier chapitre vise à élargir notre vision de la richesse et à explorer ses différentes dimensions.

1 : Redéfinir la richesse

Dans ce premier chapitre, nous explorerons en profondeur la façon dont la richesse est traditionnellement perçue et remettrons en question cette conception étroite et matérialiste. Nous commencerons par examiner les croyances courantes selon lesquelles la richesse se réduit à la possession de biens matériels, à l'accumulation de richesse financière et au statut social. Nous analyserons ensuite les limites de cette définition étroite de la richesse et les lacunes qu'elle présente dans notre compréhension globale du bien-être.

En déconstruisant cette perception traditionnelle de la richesse, nous ouvrirons la voie à une définition plus holistique et plus inclusive de ce concept. Nous explorerons les différentes dimensions de la richesse, notamment :

1. La richesse financière : Bien que la richesse financière soit un aspect important de la richesse globale, nous examinerons comment elle peut être utilisée comme un moyen de réaliser nos objectifs personnels, d'investir dans notre croissance personnelle et d'aider les autres.

2. La richesse spirituelle : Nous aborderons la dimension spirituelle de la richesse, qui concerne notre connexion avec quelque chose de plus grand que nous-mêmes, notre sens de l'objectif et notre quête de sens dans la vie.

3. La richesse sociale : Nous

discuterons de l'importance des relations interpersonnelles, de l'appartenance à une communauté et de la qualité de nos interactions sociales comme éléments clés de notre richesse globale.

4. La richesse émotionnelle : Nous explorerons notre bien-être émotionnel, notre capacité à ressentir et à exprimer une gamme complète d'émotions, ainsi que notre résilience face aux défis de la vie.

5. La richesse intellectuelle : Nous aborderons la valeur de l'éducation, de la connaissance et du développement intellectuel dans la réalisation de notre plein potentiel et dans notre contribution à la société.

En réévaluant notre compréhension de la richesse à travers ces différentes dimensions, nous serons en mesure de développer une vision plus complète et plus équilibrée de ce que signifie être riche. Cela nous permettra de poursuivre notre voyage vers la richesse avec une perspective plus nuancée et une appréciation plus profonde de toutes les formes d'abondance dans nos vies.

1.1 Les limitations d'une vision étroite de la richesse

Traditionnellement, la richesse est souvent associée à l'accumulation d'argent et de biens matériels. Cette vision étroite de la richesse nous limite en nous faisant croire que la prospérité se résume à notre compte en banque ou aux objets que nous possédons. Cependant, cette perspective néglige de nombreux autres aspects de la vie qui contribuent à notre bien-être global.

1.2 L'importance d'une vision holistique de la richesse

Pour réellement comprendre la richesse, il est crucial d'adopter une vision holistique qui englobe divers domaines de notre existence. La richesse ne se limite pas seulement à l'argent, mais elle englobe également notre bien-être émotionnel, notre développement personnel, nos relations interpersonnelles, notre santé physique et notre contribution à la société.

1.3 Les différentes dimensions de la richesse

a) Richesse intérieure : La richesse intérieure se réfère à notre état intérieur de bien-être, de paix et de satisfaction personnelle. Cela inclut la confiance en soi, la gratitude, la sagesse et l'harmonie intérieure. Cultiver ces aspects de notre être contribue à une richesse durable et authentique.

b) Richesse relationnelle : Les relations significatives et nourrissantes avec nos proches, notre famille, nos amis et notre communauté sont une source précieuse de richesse. Les liens affectifs, la solidarité et le soutien mutuel enrichissent notre vie et contribuent à notre bonheur et à notre épanouissement.

c) Richesse en santé et bien-être : Une bonne santé physique et mentale est une forme essentielle de richesse. Avoir l'énergie, la vitalité et l'équilibre nécessaires pour profiter pleinement de la vie constitue une forme de richesse qui ne peut être sous-estimée.

d) Richesse en expériences et en apprentissage : Les expériences de vie significatives, les voyages, les apprentissages et les connaissances accumulées sont des sources de richesse qui façonnent notre compréhension du monde et notre croissance personnelle.

e) Richesse en contributions : Contribuer positivement à la société, partager nos compétences, notre temps et nos ressources avec les autres est une forme de richesse puissante. La capacité d'apporter une valeur ajoutée à notre entourage et à la communauté contribue à un sentiment de satisfaction et de sens profond.

1.4 : La richesse intérieure

Nous plongerons au cœur de la richesse intérieure, une dimension souvent négligée mais pourtant essentielle de notre bien-être et de notre épanouissement personnel. Nous explorerons les différents aspects de la richesse intérieure et son importance dans notre vie quotidienne.

La richesse intérieure va bien au-delà des biens matériels et des succès extérieurs. Elle repose sur des éléments immatériels tels que la paix intérieure, la gratitude, la connexion spirituelle et la qualité de nos relations avec nous-mêmes et avec les autres. C'est cette richesse intérieure qui nous permet de nous sentir comblés, épanouis et en harmonie avec nous-mêmes et le monde qui nous entoure.

Pour cultiver la richesse intérieure, il est essentiel de consacrer du temps et de l'énergie à notre santé mentale, émotionnelle et spirituelle. Cela peut impliquer la pratique de la méditation pour calmer l'esprit et cultiver la pleine conscience, l'exploration de nos émotions pour mieux les comprendre et les gérer, et le développement de relations authentiques et significatives avec ceux qui nous entourent.

La gratitude joue également un rôle essentiel dans le développement de la richesse intérieure. Prendre le temps de reconnaître et d'apprécier les nombreuses bénédictions de notre vie nous aide à cultiver un sentiment de contentement et de satisfaction durable. De même, la pratique de l'auto-compassion nous permet de nous traiter avec gentillesse et bienveillance, renforçant ainsi notre estime de soi et notre résilience face aux défis de la vie.

Enfin, il est important de reconnaître l'impact profond de la richesse intérieure sur tous les aspects de notre vie. Lorsque nous cultivons une richesse intérieure solide, nous sommes mieux équipés pour faire face aux défis et aux transitions de la vie. Nous sommes plus résilients, plus ouverts aux autres et plus aptes à trouver un sens profond et durable dans notre vie.

1.5 La paix intérieure et l'équilibre émotionnel

La richesse intérieure commence par la paix intérieure et l'équilibre émotionnel. Cela implique d'être en harmonie avec soi-même, d'avoir une tranquillité d'esprit et de cultiver des émotions positives. En développant des pratiques de pleine conscience, de méditation ou de gratitude, nous pouvons nourrir notre richesse intérieure et trouver un état de calme et de sérénité face aux défis de la vie.

1.6 La confiance en soi et l'estime de soi

La confiance en soi et l'estime de soi sont des éléments clés de la richesse intérieure. Croire en nos capacités, avoir une image positive de nous-mêmes et cultiver une attitude d'amour-propre sont essentiels pour développer notre potentiel et atteindre nos objectifs. En travaillant sur notre confiance en nous et en nous appréciant tels que nous sommes, nous renforçons notre richesse intérieure et notre capacité à faire face aux défis de la vie avec assurance.

1.7 L'intelligence émotionnelle et la gestion des émotions

L'intelligence émotionnelle joue un rôle crucial dans notre richesse intérieure. Il s'agit de reconnaître, comprendre et gérer nos propres émotions, ainsi que de comprendre et d'emphatiser avec les émotions des autres. En développant notre intelligence émotionnelle, nous améliorons notre capacité à gérer les relations, à prendre des décisions éclairées et à maintenir un équilibre émotionnel sain.

1.8 La croissance personnelle et l'apprentissage

La recherche constante de la croissance personnelle et de l'apprentissage contribue également à notre richesse intérieure. En cherchant à développer de nouvelles compétences, à élargir nos connaissances et à nous engager dans un processus de développement continu, nous nourrissons notre richesse intérieure et créons des opportunités d'épanouissement et de satisfaction.

1.9 La gratitude et la pratique du contentement

La gratitude est un puissant catalyseur de richesse intérieure. En cultivant la gratitude pour ce que nous avons dans notre vie, pour les petites joies et les bénédictions, nous développons une attitude de contentement et de satisfaction. La gratitude nous permet de reconnaître l'abondance présente dans notre vie et d'apprécier les moments simples qui nous apportent du bonheur.

1.10 : La richesse relationnelle

Dans cette section, nous explorerons l'importance des relations dans notre vie et comment elles contribuent à notre richesse globale.

1.10.1 Les liens affectifs et familiaux

Les relations affectives et familiales sont un aspect essentiel de notre richesse relationnelle. Les liens profonds avec nos proches, nos parents, nos frères et sœurs, nos conjoints et nos enfants apportent une valeur inestimable à notre vie. Ces relations nous offrent un soutien émotionnel, des moments de partage et d'amour, et constituent une source de joie et de bonheur.

1.10.2 Les amitiés profondes et sincères

Les amitiés sont une autre facette importante de la richesse relationnelle. Les amis sont là pour nous soutenir, nous encourager et partager des moments de rire et de complicité. Les amitiés sincères nous permettent de nous sentir compris, acceptés et entourés d'une communauté de personnes qui nous apprécient pour qui nous sommes.

1.10.3 Les relations

professionnelles et collaboratives

Les relations professionnelles et collaboratives jouent également un rôle clé dans notre richesse relationnelle. Les partenariats de travail, les collaborations professionnelles et les réseaux de contacts nous offrent des opportunités d'apprentissage, de croissance et d'avancement. Ces relations peuvent ouvrir des portes, favoriser l'échange d'idées et soutenir notre développement professionnel.

1.10.5 La solidarité communautaire

La richesse relationnelle s'étend également à notre communauté. La solidarité et l'engagement envers notre communauté créent des liens significatifs avec nos voisins, nos concitoyens et les personnes qui nous entourent. Contribuer au bien-être collectif, participer à des actions bénévoles ou s'engager dans des initiatives locales renforce notre sentiment d'appartenance et de connexion avec les autres.

1.10.6 La communication et l'empathie

La communication efficace et l'empathie sont des compétences clés pour développer des relations riches et harmonieuses. Écouter activement, exprimer nos besoins et nos émotions de manière constructive et comprendre les perspectives des autres favorisent des relations épanouissantes et durables.

1.11 La richesse en contributions

Dans cette section, nous explorerons la notion de richesse en contributions et comment le fait de donner et de contribuer positivement à la société peut enrichir notre vie.

1.11.1 Comprendre la richesse en contributions

La richesse en contributions va au-delà de nos propres besoins et aspirations. Elle consiste à utiliser nos ressources, nos compétences et notre temps pour apporter une valeur ajoutée à la vie des autres et à la société dans son ensemble. Cela peut prendre de nombreuses formes, telles que le bénévolat, l'engagement communautaire, le partage de connaissances ou le soutien aux causes qui nous tiennent à cœur.

1.11.2 Les bénéfices de la générosité

La générosité est une manifestation puissante de la richesse en contributions. Lorsque nous partageons nos ressources, que ce soit financièrement, matériellement ou émotionnellement, nous créons un impact positif dans la vie des autres. La générosité nous connecte aux autres, renforce notre empathie et notre compassion, et contribue à créer une société plus solidaire et équilibrée.

1.11.3 Le service envers autrui

Le service envers autrui est une autre facette de la richesse en contributions. Cela implique d'être attentif aux besoins des autres et de chercher des moyens concrets de les soutenir. Que ce soit en offrant notre temps pour aider les plus démunis, en partageant nos compétences pour accompagner ceux qui en ont besoin, ou en contribuant à des initiatives de développement durable, le service envers autrui nous permet de nous sentir utiles et de faire une différence dans le monde.

1.11.4 L'impact positif sur la société

Contribuer positivement à la société est un moyen de créer un héritage durable et de laisser une empreinte significative. En nous impliquant dans des initiatives qui visent à résoudre des problèmes sociaux, à promouvoir la durabilité environnementale ou à améliorer les conditions de vie des communautés, nous participons à la construction d'un monde meilleur pour les générations futures.

1.11.5 Trouver un équilibre entre recevoir et donner

La richesse en contributions nécessite également un équilibre entre recevoir et donner.

Il est important de reconnaître que nous avons besoin de prendre soin de nous-mêmes pour pouvoir contribuer de manière significative. En trouvant cet équilibre, nous pouvons être à la fois bénéficiaires des contributions des autres et contributeurs actifs dans notre propre sphère d'influence.

CHAPITRE 2 : LES PRINCIPES DE LA RICHESSE

Introduction

Dans ce chapitre, nous allons explorer les principes fondamentaux qui sous-tendent la création et l'accumulation de la richesse. Comprendre ces principes nous permettra de développer une approche holistique et équilibrée pour atteindre la prospérité dans tous les domaines de notre vie.

2.1 Le principe de la pensée positive et de la vision claire

La pensée positive et la vision claire sont des principes essentiels pour attirer la richesse dans notre vie. En cultivant une attitude positive, en visualisant nos objectifs et en les affirmant de manière constructive, nous créons un état d'esprit propice à l'abondance. Cela nous permet d'identifier les opportunités, de surmonter les obstacles et d'aligner nos actions avec nos aspirations.

2.2 Le principe de la planification financière et de la gestion responsable

La planification financière et la gestion responsable sont des principes clés pour créer et préserver la richesse matérielle. Cela implique d'établir des objectifs financiers clairs, de budgétiser nos dépenses, d'épargner et d'investir de manière judicieuse. Une gestion responsable de nos ressources financières nous permet de construire une base solide pour notre sécurité financière et notre indépendance.

2.3 Le principe de l'apprentissage continu et du développement des compétences

L'apprentissage continu et le développement des compétences sont des principes essentiels pour accroître notre richesse intérieure et notre potentiel. En investissant dans notre développement personnel et professionnel, en acquérant de nouvelles connaissances et en améliorant nos compétences, nous augmentons notre valeur sur le marché du travail et ouvrons de nouvelles possibilités d'avancement et de réussite.

2.4 Le principe de l'action déterminée et de la persévérance

Le principe de l'action déterminée et de la persévérance est essentiel pour réaliser nos objectifs et atteindre la richesse dans tous les aspects de notre vie. Il ne suffit pas d'avoir des rêves et des aspirations, il faut également passer à l'action et persévérer malgré les difficultés et les obstacles qui peuvent se présenter.

> *1. Clarifier nos objectifs : Tout commence par une vision claire de ce que nous voulons accomplir. Il est essentiel de définir des objectifs spécifiques, mesurables, réalisables, pertinents et temporellement définis (objectifs SMART). Cela nous donne une direction claire et nous permet de rester concentrés sur nos priorités.*
>
> *2. Élaborer un plan d'action : Une fois nos objectifs établis, nous devons élaborer un*

plan d'action détaillé pour les atteindre. Ce plan doit inclure les étapes spécifiques que nous devons suivre, les ressources dont nous avons besoin et les délais à respecter. Un plan bien structuré nous aide à rester organisés et motivés tout au long du processus.

3. Passer à l'action : L'action est la clé pour concrétiser nos aspirations. Il est important de prendre des mesures concrètes et de commencer à travailler vers nos objectifs, même si les premières étapes peuvent sembler modestes. Chaque petit pas compte et nous rapproche un peu plus de notre vision.

4. Faire face aux obstacles : Sur le chemin de la richesse, nous serons inévitablement confrontés à des obstacles et des défis. Il est crucial de les considérer comme des opportunités d'apprentissage et de croissance, plutôt que des raisons de se décourager. En développant notre résilience et notre capacité à surmonter les difficultés, nous renforçons notre détermination à réussir.

5. Persévérer : La persévérance est la force motrice qui nous permet de continuer à avancer, même lorsque les choses deviennent difficiles. Il peut y avoir des moments de découragement, de doute ou de fatigue, mais la persévérance consiste à rester fidèle à nos objectifs et à continuer à faire les efforts nécessaires pour les atteindre. C'est une qualité essentielle pour transformer nos rêves en réalité.

6. Ajuster et s'adapter : En chemin, il est important de rester flexibles et prêts à ajuster notre plan d'action si nécessaire. La vie est remplie d'imprévus et de changements, et il est important de s'adapter à ces circonstances tout en maintenant notre vision claire. Cela peut impliquer de modifier notre approche, d'apprendre de nos erreurs et d'explorer de nouvelles stratégies.

2.5 Le principe de l'équilibre et de la gratitude

Le principe de l'équilibre et de la gratitude est fondamental pour maintenir une richesse durable dans tous les aspects de notre vie. Il s'agit de trouver un équilibre harmonieux entre nos différentes sphères de vie, ainsi que de cultiver un état d'esprit de gratitude pour les richesses présentes dans notre vie.

1. Équilibre entre vie professionnelle et personnelle : Il est essentiel de trouver un équilibre sain entre notre vie professionnelle et notre vie personnelle. Cela signifie accorder une attention adéquate à nos responsabilités professionnelles tout en prenant soin de notre bien-être physique, émotionnel et relationnel. L'équilibre nous permet de maintenir une vie harmonieuse et épanouissante.

2. Équilibre financier : Le principe de l'équilibre s'applique également à notre situation financière. Il est important de gérer nos ressources financières de manière responsable, en évitant les extrêmes de la surconsommation et de la frugalité excessive. Un équilibre financier nous permet de répondre à nos besoins essentiels, de planifier pour l'avenir et de profiter de certains plaisirs de la vie.

3. Équilibre physique et mental : Prendre soin de notre santé physique et mentale est un aspect clé de l'équilibre. Cela implique de s'engager dans une alimentation équilibrée, de faire de l'exercice régulièrement, de se reposer suffisamment et de pratiquer des techniques de gestion du stress. Un équilibre physique et mental nous permet d'avoir l'énergie et la clarté d'esprit nécessaires pour poursuivre nos objectifs de manière efficace.

4. Cultiver la gratitude : La gratitude est un état d'esprit qui consiste à reconnaître et à apprécier les bonnes choses présentes dans notre vie. En cultivant la gratitude, nous nous concentrons sur ce qui va bien plutôt que sur ce qui manque. Cela nous permet d'apprécier les relations, les expériences et les opportunités qui nous enrichissent. La gratitude crée une attitude positive et nous permet de vivre pleinement le moment présent.

5. Pratiquer l'équilibre dans nos relations : L'équilibre relationnel implique de nourrir et de maintenir des relations saines et nourrissantes. Cela signifie accorder du temps et de l'attention à nos proches, cultiver des relations respectueuses et équilibrées, et établir des limites saines pour préserver notre propre bien-être. L'équilibre relationnel nous permet de créer des liens solides et épanouissants.

6. Trouver des activités équilibrantes : Il est important de trouver des activités qui nourrissent différents aspects de notre être. Cela peut inclure des loisirs créatifs, des activités physiques, des moments de méditation ou de réflexion, ainsi que des temps de détente et de plaisir. L'équilibre entre les différentes activités nous permet de maintenir notre énergie, notre inspiration et notre motivation.

CHAPITRE 3 : LES COMPÉTENCES FINANCIÈRES ESSENTIELLES

Introduction

Dans ce chapitre, nous allons explorer les compétences financières essentielles qui sont nécessaires pour atteindre la richesse et la prospérité. Que vous soyez déjà engagé sur le chemin de la réussite financière ou que vous cherchiez à améliorer vos connaissances dans ce domaine, ces compétences vous aideront à prendre des décisions éclairées et à bâtir une base solide pour votre avenir financier.

3.1 : La gestion budgétaire

La gestion budgétaire est une compétence essentielle pour prendre le contrôle de vos finances et atteindre vos objectifs financiers. C'est un processus qui consiste à établir un plan détaillé de vos revenus et dépenses, en veillant à ce que vos revenus couvrent vos besoins essentiels tout en vous permettant d'économiser et d'investir pour l'avenir. Une gestion budgétaire efficace vous permettra de mieux gérer votre argent, d'éviter les dettes excessives et de prendre des décisions financières éclairées.

1. Établissement d'un budget réaliste : La première étape de la gestion budgétaire consiste à établir un budget réaliste en identifiant tous vos revenus et toutes vos dépenses. Listez toutes vos sources de revenus, y compris votre salaire, vos revenus de placement, vos prestations sociales, etc. Ensuite, identifiez vos dépenses mensuelles fixes telles que le loyer, les factures d'électricité, les frais de transport, les remboursements de prêts, etc. N'oubliez pas de prendre en compte les dépenses variables telles que l'épicerie, les sorties, les loisirs, etc.

2. Priorisation des dépenses : Une fois que vous avez identifié toutes vos dépenses, il est important de les prioriser en fonction de leur importance. Accordez la priorité aux besoins essentiels tels que le logement, la nourriture, les services publics, les soins de santé, etc. Ensuite, allouez une partie de votre budget aux dépenses discrétionnaires, comme les loisirs et les divertissements. Veillez à réserver également une partie de votre budget pour l'épargne et les investissements.

3. *Suivi régulier des dépenses* : Pour maintenir une gestion budgétaire efficace, il est important de suivre régulièrement vos dépenses. Tenez un registre ou utilisez des outils de suivi financiers pour enregistrer toutes vos dépenses. Cela vous permettra de voir où va votre argent et d'identifier les domaines où vous pourriez réduire les dépenses superflues. Le suivi régulier des dépenses vous aidera également à rester conscient de vos habitudes de consommation et à ajuster votre budget si nécessaire.

4. *Économies et gestion des surplus* : Un aspect important de la gestion budgétaire est d'allouer une partie de vos revenus à l'épargne et aux investissements. Déterminez un pourcentage ou un montant

fixe à économiser chaque mois et incluez-le dans votre budget. Créez un fonds d'urgence pour faire face aux imprévus et envisagez des objectifs d'épargne à plus long terme, tels que l'achat d'une maison ou la préparation de votre retraite. Si vous avez un surplus d'argent à la fin du mois, envisagez de l'investir ou de l'utiliser pour rembourser vos dettes plus rapidement.

5. Révision et ajustement réguliers : La gestion budgétaire n'est pas un processus statique. Il est important de réviser et d'ajuster votre budget régulièrement en fonction de vos besoins et de votre situation financière. Si vous rencontrez des difficultés pour respecter votre budget, identifiez les domaines où vous pouvez réduire les dépenses ou augmenter les revenus. Si votre situation financière s'améliore, envisagez d'allouer plus d'argent à l'épargne ou aux investissements. Restez flexible et adaptable dans votre gestion budgétaire.

3.2 L'épargne et l'investissement

L'épargne et l'investissement sont des compétences clés pour accroître votre richesse au fil du temps. L'épargne consiste à mettre de côté une partie de vos revenus régulièrement, afin de constituer un fonds d'urgence et de vous préparer à d'éventuels besoins futurs. L'investissement, quant à lui, consiste à placer votre argent dans des actifs qui ont le potentiel de générer des revenus ou une appréciation de valeur. Apprendre à épargner et à investir de manière intelligente vous permettra de faire fructifier votre argent et de réaliser vos objectifs financiers à long terme.

3.3 : *La gestion des dettes*

La gestion des dettes est une compétence essentielle pour maintenir une situation financière saine et éviter les problèmes liés à un endettement excessif. Il est important de comprendre les différents types de dettes, de gérer vos dettes de manière responsable et de mettre en place des stratégies pour rembourser vos obligations financières. Une gestion efficace des dettes vous aidera à préserver votre crédit, à réduire le stress financier et à atteindre vos objectifs financiers à long terme.

1. Comprendre les différents types de dettes : *La première étape de la gestion des dettes consiste à comprendre les différents types de dettes auxquelles vous pourriez être confronté. Il existe des dettes à court terme, comme les soldes de cartes de crédit et les prêts personnels, et des dettes à plus long terme, comme les prêts hypothécaires et les prêts étudiants. Chaque type de dette peut avoir ses propres conditions et taux d'intérêt, il est donc important de les connaître et de les comprendre.*

2. Établir un plan de remboursement : *Une fois que vous avez identifié vos dettes, établissez un plan de remboursement réaliste. Priorisez les dettes avec les taux d'intérêt les plus élevés, car elles peuvent vous coûter plus cher à long terme. Déterminez combien vous pouvez consacrer chaque mois au remboursement de vos dettes et fixez-vous des objectifs clairs. Soyez cohérent et discipliné dans vos paiements pour progresser vers l'élimination de vos dettes.*

3. Négocier avec les créanciers : Si vous avez du mal à rembourser vos dettes, il est important de communiquer avec vos créanciers. Dans certains cas, vous pourriez être en mesure de négocier de meilleures conditions de remboursement, comme des taux d'intérêt réduits ou des plans de remboursement échelonnés. Soyez honnête et transparent sur votre situation financière, et cherchez des solutions qui vous aideront à rembourser vos dettes de manière plus réaliste.

4. Éviter l'accumulation de nouvelles dettes : Pendant que vous vous efforcez de rembourser vos dettes existantes, il est important d'éviter l'accumulation de nouvelles dettes. Réfléchissez avant de contracter de nouvelles obligations financières et faites preuve de discipline dans vos habitudes de dépenses. Établissez un budget réaliste et tenez-vous-en à lui, en résistant à la tentation d'emprunter au-delà de vos moyens.

5. Rechercher des conseils professionnels si nécessaire : Si vous vous trouvez dans une situation de dettes importante et que vous avez du mal à faire face à vos obligations financières, envisagez de rechercher des conseils professionnels. Des conseillers en crédit ou des experts en gestion financière peuvent vous aider à évaluer votre situation, à élaborer des stratégies de remboursement et à trouver des solutions adaptées à votre cas spécifique.

6. Cultiver de saines habitudes financières : Pour éviter de retomber dans le piège de l'endettement excessif, cultivez de saines habitudes financières. Cela inclut la gestion budgétaire, l'épargne régulière, la prise de décisions éclairées en matière d'emprunt et le maintien d'une discipline financière. En adoptant une approche proactive et responsable vis-à-vis de vos finances, vous pouvez éviter les problèmes de dettes à l'avenir.

3.4 : La compréhension des produits financiers

La compréhension des produits financiers est une compétence essentielle pour prendre des décisions éclairées en matière d'investissement, de gestion de patrimoine et de planification financière. Les produits financiers sont nombreux et variés, allant des comptes d'épargne aux actions en passant par les fonds communs de placement et les produits d'assurance. Une connaissance approfondie de ces produits vous permettra de choisir ceux qui correspondent le mieux à vos besoins, à votre tolérance au risque et à vos objectifs financiers.

1. Les comptes d'épargne : Les comptes d'épargne sont des produits financiers couramment utilisés pour stocker et faire fructifier vos économies. Ils offrent généralement un taux d'intérêt fixe ou variable, et les fonds sont accessibles à tout moment. Comprendre les différents types de comptes d'épargne, leurs conditions et les avantages fiscaux associés vous permettra de prendre des décisions éclairées quant à l'endroit où placer votre argent pour des rendements optimaux.

2. Les certificats de dépôt (CD) : Les certificats de dépôt sont des produits financiers à taux fixe qui impliquent de bloquer votre argent pour une période spécifique. Ils offrent généralement un rendement plus élevé que les comptes d'épargne traditionnels, mais ils ont également des restrictions de liquidité. Comprendre les termes et les taux d'intérêt des certificats de dépôt vous aidera à évaluer si cette option convient à vos objectifs d'épargne à court terme.

3. Les actions et les obligations : Les actions et les obligations sont des produits financiers liés aux marchés boursiers et obligataires. Les actions représentent une part de propriété dans une entreprise, tandis que les obligations sont des dettes émises par des entités publiques ou privées. Comprendre le fonctionnement des marchés boursiers, l'évaluation des actions, les risques associés à l'investissement en actions, ainsi que les principes de base des obligations vous permettra de prendre des décisions éclairées lors de l'investissement dans ces produits financiers.

4. Les fonds communs de placement : Les fonds communs de placement sont des véhicules d'investissement collectif qui regroupent les fonds de plusieurs investisseurs pour acheter un portefeuille diversifié d'actions, d'obligations ou d'autres instruments financiers. Comprendre les différents types de fonds communs de placement, les frais associés, les stratégies de gestion et les performances passées vous aidera à évaluer leur pertinence pour votre portefeuille d'investissement.

5. Les produits d'assurance : Les produits d'assurance, tels que l'assurance-vie, l'assurance santé et l'assurance habitation, sont conçus pour vous protéger contre les risques financiers liés à des événements imprévus. Comprendre les différents types d'assurance, les conditions de couverture, les primes et les exclusions vous permettra de choisir des produits d'assurance adaptés à vos besoins spécifiques.

6. La planification de la retraite : La compréhension des produits financiers liés à la planification de la retraite est essentielle pour préparer une sécurité financière à long terme. Comprendre les régimes de retraite, les comptes de retraite individuels (IRA), les régimes de pension d'entreprise et les options de placement spécifiques à la retraite vous aidera à prendre des décisions éclairées pour assurer un avenir financier solide.

3.5 : La planification de la retraite

La planification de la retraite est une étape essentielle pour assurer une sécurité financière et une qualité de vie confortable à l'avenir. Elle consiste à définir vos objectifs de retraite, à évaluer vos besoins financiers et à mettre en place une stratégie d'épargne et d'investissement pour atteindre ces objectifs. Une planification adéquate de la retraite vous permettra de prendre des décisions éclairées, de maximiser vos économies et de profiter pleinement de vos années de retraite.

1. Définir vos objectifs de retraite : La première étape de la planification de la retraite consiste à définir vos objectifs personnels et financiers pour la retraite. Posez-vous des questions telles que : À quel âge souhaitez-vous prendre votre retraite ? Quel style de vie souhaitez-vous maintenir pendant votre retraite ? Quels sont vos projets de voyage ou vos activités préférées ? En ayant une vision claire de vos objectifs, vous pourrez mieux déterminer les mesures nécessaires pour les atteindre.

2. Évaluer vos besoins financiers : Pour déterminer combien vous devez économiser pour votre retraite, évaluez vos besoins financiers futurs. Tenez compte des dépenses de base telles que le logement, la nourriture et les soins de santé, ainsi que des activités de loisirs et des dépenses imprévues. Prenez également en compte les facteurs tels que l'inflation et l'espérance de vie pour vous assurer que vos économies seront suffisantes pour couvrir vos dépenses tout au long de votre retraite.

3. Établir un plan d'épargne et d'investissement : Une fois que vous avez une idée de vos besoins financiers, établissez un plan d'épargne et d'investissement pour votre retraite. Identifiez les comptes de retraite appropriés, tels que les régimes de pension d'entreprise, les régimes 401(k) ou les comptes individuels de retraite (IRA), et maximisez vos cotisations à ces comptes autant que possible. Explorez également d'autres options d'investissement, telles que les fonds de placement, les actions ou les obligations, en fonction de votre tolérance au risque et de vos objectifs de rendement.

4. Réévaluez périodiquement votre plan de retraite : La planification de la retraite n'est pas un processus ponctuel, mais plutôt une démarche continue. Réévaluez périodiquement votre plan de retraite en fonction de votre situation financière, de vos objectifs changeants et des conditions du marché. Adaptez votre stratégie d'épargne et d'investissement si nécessaire et recherchez des conseils professionnels si vous avez des questions ou des préoccupations.

5. Considérez les avantages fiscaux de la retraite : Informez-vous sur les avantages fiscaux liés à la retraite et optimisez-les autant que possible. Explorez les opportunités de déductions fiscales pour les cotisations à des comptes de retraite spécifiques et renseignez-vous sur les réglementations fiscales relatives aux retraits pendant la retraite. Une planification fiscale appropriée peut vous aider à maximiser vos économies et à minimiser votre charge fiscale pendant la retraite.

6. Préparez-vous aux changements de mode de vie : La retraite ne concerne pas seulement l'aspect financier, mais aussi les aspects émotionnels et sociaux. Préparez-vous aux changements de mode de vie en envisageant des activités, des projets ou des engagements qui vous apporteront satisfaction et épanouissement pendant la retraite. Restez connecté avec votre famille, vos amis et votre communauté pour maintenir des liens sociaux et bénéficier *d'un soutien émotionnel.*

LA VOIE DE LA RICHESSE

Démystifier la Science de l'Abondance"

CHAPITRE 4 : LES STRATÉGIES D'ACCUMULATION DE RICHESSE

Le chapitre 4 se concentre sur les stratégies d'accumulation de richesse qui peuvent vous aider à atteindre vos objectifs financiers à long terme. Ces stratégies impliquent de maximiser vos revenus, de gérer efficacement vos dépenses, d'investir intelligemment et de diversifier votre portefeuille.

4.1 : Maximiser vos revenus

Pour atteindre vos objectifs financiers et accumuler de la richesse, il est essentiel de maximiser vos revenus. Cette section met en évidence différentes stratégies et approches pour augmenter vos revenus de manière significative.

> *1. Améliorez vos compétences et vos connaissances : Investissez dans votre développement personnel et professionnel en acquérant de nouvelles compétences*

et en élargissant vos connaissances. Cela peut se faire par le biais de formations, de certifications, de cours en ligne, de mentorat ou de l'obtention d'un diplôme supplémentaire. En améliorant vos compétences, vous augmentez votre valeur sur le marché du travail, ce qui peut conduire à des opportunités d'emploi mieux rémunérées.

2. Recherchez des opportunités d'avancement : Explorez les opportunités d'avancement au sein de votre entreprise ou dans votre carrière. Identifiez les compétences, les expériences et les responsabilités supplémentaires nécessaires pour accéder à des postes de niveau supérieur et travaillez activement à développer ces compétences. Faites part de votre intérêt pour l'avancement à vos supérieurs hiérarchiques et cherchez à vous positionner comme un atout précieux pour votre entreprise.

3. Créez des revenus passifs : Les

revenus passifs sont des revenus générés sans nécessiter une implication continue de votre part. Explorez des opportunités d'investissement telles que l'immobilier locatif, les dividendes d'actions, les revenus de propriété intellectuelle, les investissements dans des entreprises ou des start-ups, ou la création de produits numériques tels que des livres électroniques ou des cours en ligne. Ces sources de revenus peuvent être un complément précieux à votre revenu principal.

4. Développez une activité secondaire ou un travail indépendant : Si vous avez des compétences ou des intérêts particuliers, envisagez de développer une activité secondaire ou de travailler en tant qu'indépendant. Cela peut inclure des services de conseil, de coaching, de rédaction, de conception graphique, de traduction, de développement de sites web, de photographie, etc. Une activité secondaire peut vous permettre de gagner un revenu supplémentaire et de diversifier vos sources de revenus.

5. Négociez votre rémunération : Lorsque vous recherchez un nouvel emploi ou discutez d'une augmentation salariale, n'hésitez pas à négocier. Faites des recherches sur les salaires moyens dans votre domaine, mettez en avant vos compétences, vos réalisations et votre valeur ajoutée, et soyez prêt à argumenter en faveur d'une rémunération plus élevée. La négociation peut vous aider à obtenir un salaire plus élevé et à augmenter vos revenus.

6. Explorez de nouvelles opportunités : Restez ouvert aux opportunités de carrière et d'affaires qui se présentent à vous. Soyez à l'affût des tendances du marché, des nouvelles industries émergentes et des domaines où la demande de compétences est élevée. Explorez également la possibilité de travailler à l'étranger, où les salaires peuvent être plus élevés dans certains secteurs.

En combinant ces stratégies et en restant ouvert aux opportunités, vous pouvez augmenter vos revenus de manière significative et accélérer votre parcours vers l'accumulation de richesse. Cependant, n'oubliez pas que la maximisation des revenus nécessite souvent du temps, des efforts et une planification stratégique. Soyez prêt à investir dans votre développement personnel et à saisir les opportunités qui se présentent à vous.

4.2 : Gérer efficacement vos dépenses

La gestion efficace de vos dépenses est un aspect crucial de l'accumulation de richesse. Cette section met en évidence des stratégies et des principes clés pour vous aider à contrôler vos dépenses, à économiser de l'argent et à optimiser vos ressources financières.

> *1. Établissez un budget : Créez un budget réaliste en évaluant vos revenus et vos dépenses. Identifiez vos dépenses fixes telles que le loyer, les factures mensuelles, les paiements de prêts,*

les dépenses alimentaires, etc. Prévoyez également une allocation pour les dépenses discrétionnaires telles que les loisirs, les sorties et les achats non essentiels. Suivez régulièrement votre budget et ajustez-le si nécessaire.

2. Priorisez vos dépenses : Identifiez vos besoins essentiels et donnez-leur la priorité dans votre budget. Assurez-vous de couvrir vos dépenses incontournables, telles que le logement, l'alimentation, les services publics et les soins de santé. Ensuite, évaluez vos dépenses discrétionnaires et recherchez des moyens de les réduire ou de les rationaliser.

3. Réduisez les dépenses superflues : Identifiez les dépenses qui ne contribuent pas significativement à votre bien-être ou à vos objectifs financiers. Éliminez ou réduisez ces dépenses pour économiser de l'argent. Cela peut inclure des abonnements inutilisés, des sorties excessives, des achats impulsifs, etc.

Adoptez une approche réfléchie avant de faire des achats et considérez si l'objet ou le service en vaut vraiment la dépense.

4. Négociez et recherchez des offres avantageuses : Ne sous-estimez pas le pouvoir de la négociation. Lorsque vous effectuez des achats importants ou que vous souscrivez à des services, recherchez des offres, comparez les prix et essayez de négocier des réductions ou des tarifs préférentiels. Vous pouvez économiser une somme significative d'argent en obtenant de meilleures offres.

5. Pratiquez la gestion des dettes : Évitez les dettes inutiles et soyez conscient des intérêts et des frais associés à tout prêt ou crédit que vous contractez. Si vous avez des dettes existantes, établissez un plan de remboursement structuré et concentrez-vous sur leur élimination progressive. Réduire ou éliminer vos dettes vous permettra de libérer des ressources financières supplémentaires pour l'épargne et l'investissement.

6. Automatisez vos économies : Configurez des virements automatiques de votre compte courant vers votre compte d'épargne. Cela vous permettra d'économiser régulièrement sans même y penser. Fixez un pourcentage spécifique de vos revenus à économiser et augmentez-le progressivement au fur et à mesure que vous atteignez vos objectifs financiers.

7. Soyez conscient de vos habitudes de consommation : Identifiez les habitudes de consommation qui peuvent vous coûter cher, comme la restauration fréquente, les achats impulsifs ou les dépenses excessives dans certains domaines. Adoptez une approche réfléchie en matière de consommation et recherchez des alternatives moins coûteuses et plus durables.

En gérant efficacement vos dépenses, vous pouvez économiser davantage d'argent, réduire les dettes et libérer des ressources pour l'investissement et l'accumulation de richesse à long terme. Soyez proactif dans votre approche et recherchez continuellement des moyens d'optimiser vos dépenses et de vivre selon vos moyens.

4.3 : Investir intelligemment

L'investissement intelligent est un élément clé de l'accumulation de richesse à long terme. Cette section met en évidence des stratégies et des principes pour vous aider à investir de manière judicieuse et à faire fructifier votre argent.

1. Éducation financière : Avant de commencer à investir, acquérez une éducation financière de base. Comprenez les différents types d'investissements tels que les actions, les obligations, les fonds communs de placement, l'immobilier, etc. Familiarisez-vous avec les concepts clés tels que le rendement, le risque, la diversification, l'horizon d'investissement, etc. Utilisez des ressources en ligne, des livres, des cours ou des conseils d'experts pour approfondir vos connaissances.

2. Établissez des objectifs financiers : Déterminez vos objectifs financiers à court terme, à moyen terme et à long terme. Cela peut inclure l'achat d'une maison, la retraite, les études des enfants, etc. Avoir des objectifs clairs vous aidera à définir votre stratégie d'investissement et à choisir les véhicules d'investissement appropriés.

3. Diversification du portefeuille : Évitez de mettre tous vos œufs dans le même panier en diversifiant votre portefeuille d'investissement. Investissez dans différents types d'actifs, secteurs et régions géographiques. La diversification peut réduire le risque global de votre portefeuille en répartissant les investissements sur plusieurs classes d'actifs et en atténuant l'impact de la volatilité des marchés.

4. Établissez une stratégie d'investissement : Développez une stratégie d'investissement basée sur vos objectifs, votre tolérance au risque et votre horizon d'investissement. Établissez un plan clair sur comment et quand investir, quel pourcentage de votre portefeuille allouer à chaque type d'investissement, et quelles sont les mesures à prendre en cas de fluctuations du marché.

5. Investissement à long terme : Adoptez une perspective à long terme lors de vos investissements. Les marchés financiers peuvent être volatils à court terme, mais historiquement, ils ont tendance à générer des rendements positifs à long terme. Évitez de réagir de manière impulsive aux fluctuations quotidiennes du marché et maintenez une vision à long terme pour permettre à vos investissements de croître et de s'apprécier.

6. Faites des investissements réguliers : Plutôt que de tenter de chronométrer le marché, envisagez d'investir régulièrement sur une base planifiée. Cela peut être réalisé par le biais de l'investissement périodique dans des fonds communs de placement ou des comptes de retraite, par exemple. L'investissement régulier permet de lisser les fluctuations du marché et de bénéficier de la stratégie de la moyenne des coûts en investissant à différents niveaux de prix.

7. Surveillez et rééquilibrez votre portefeuille : Surveillez régulièrement les performances de votre portefeuille et rééquilibrez-le si nécessaire. Avec le temps, certains investissements peuvent se développer plus rapidement que d'autres, ce qui peut affecter l'allocation d'actifs initiale. Rééquilibrez périodiquement votre portefeuille pour maintenir une répartition appropriée et alignée avec vos objectifs financiers.

8. Consultez un conseiller financier : Si vous êtes novice en matière d'investissement ou si vous avez des objectifs financiers complexes, envisagez de consulter un conseiller financier. Un conseiller peut vous aider à définir une stratégie d'investissement adaptée à votre situation, à vous guider dans la sélection d'investissements et à vous fournir des conseils personnalisés en fonction de vos besoins.

L'investissement intelligent nécessite une planification soigneuse, une connaissance des risques et une vision à long terme. En suivant ces principes et en restant informé sur les marchés et les opportunités d'investissement, vous pouvez augmenter vos chances de faire fructifier votre argent et d'atteindre vos objectifs financiers. Cependant, n'oubliez pas que l'investissement comporte des risques et qu'il est important de diversifier et de faire preuve de diligence dans vos décisions d'investissement.

4.4 : Planification successorale

La planification successorale est un aspect important de la gestion de votre richesse à long terme. Cette section met en évidence l'importance de la planification successorale et fournit des conseils clés pour assurer la transmission efficace et ordonnée de vos actifs à vos héritiers.

1. Comprenez les principes de base de la planification successorale : Familiarisez-vous avec les concepts clés de la planification successorale tels que les testaments, les fiducies, les bénéficiaires désignés, les procurations de soins de santé et les directives anticipées. Comprenez comment ces outils juridiques peuvent vous aider à protéger vos actifs et à définir vos souhaits pour la distribution de votre patrimoine après votre décès.

2. Identifiez vos objectifs et vos héritiers : Réfléchissez à vos objectifs de planification successorale et déterminez qui seront vos héritiers. Cela peut inclure vos enfants, votre conjoint, d'autres membres de la famille ou des organismes de bienfaisance. Identifiez également les actifs que vous souhaitez léguer à chaque héritier.

3. Rédigez un testament : Un testament est un document juridique qui énonce vos dernières volontés et permet de déterminer comment vos biens seront répartis après votre décès. Engagez un avocat spécialisé en planification successorale pour vous aider à rédiger un testament clair et juridiquement contraignant, en tenant compte des lois et des réglementations applicables à votre juridiction.

4. Considérez l'utilisation de fiducies : Les fiducies peuvent offrir des avantages significatifs en matière de planification successorale. Elles permettent de transférer la propriété de vos actifs à une entité juridique distincte, gérée par un fiduciaire, dans le but de les protéger et de les distribuer conformément à vos souhaits. Les fiducies peuvent également aider à minimiser les impôts successoraux et à éviter les litiges familiaux.

5. Évaluez les aspects fiscaux : Comprenez

les implications fiscales de votre planification successorale. Informez-vous sur les lois fiscales en vigueur et consultez un professionnel de la fiscalité pour vous assurer que votre planification successorale est conforme à ces lois et minimise l'impact fiscal sur vos héritiers.

6. Désignez des bénéficiaires pour vos comptes de retraite et d'assurance-vie : Les comptes de retraite et les polices d'assurance-vie peuvent être transmis directement aux bénéficiaires désignés, en contournant le processus de succession. Assurez-vous de désigner les bénéficiaires appropriés pour ces comptes et de les mettre à jour régulièrement en cas de changement de situation familiale.

7. Communiquez avec vos héritiers : Il est essentiel de communiquer ouvertement avec vos héritiers sur votre planification successorale. Expliquez-leur vos décisions et vos souhaits, ce qui peut aider à éviter les conflits familiaux et à assurer une transition en douceur de vos actifs.

8. Révisez régulièrement votre planification successorale : Votre planification successorale doit être régulièrement révisée et mise à jour en fonction des changements de votre situation familiale, financière et juridique. Revoyez votre planification au moins une fois par an et apportez les ajustements nécessaires en fonction des nouvelles circonstances.

La planification successorale vous permet de protéger vos actifs et de garantir que vos biens sont transmis selon vos souhaits après votre décès. En prenant les mesures appropriées pour planifier votre succession, vous pouvez assurer la sécurité financière de vos proches et créer un héritage durable pour les générations à venir.

CHAPITRE 5 : LA GESTION DE L'ARGENT

La gestion de l'argent est une compétence essentielle pour atteindre la richesse et la stabilité financière. Dans ce chapitre, nous aborderons différentes stratégies et principes de gestion de l'argent pour vous aider à prendre le contrôle de vos finances et à atteindre vos objectifs financiers.

5.1 : Établir un budget personnel

L'établissement d'un budget personnel est la première étape essentielle pour une gestion efficace de l'argent. Un budget vous permet de suivre vos revenus et vos dépenses, de contrôler vos finances et de prendre des décisions éclairées en matière de dépenses et d'épargne. Voici quelques conseils pour établir un budget personnel solide :

1. Évaluez vos revenus : Commencez par calculer vos revenus mensuels nets, c'est-à-dire le montant que vous gagnez après déduction des impôts et des autres retenues. Incluez tous vos revenus, y compris les salaires, les revenus de placement, les revenus locatifs, etc.

2. Identifiez vos dépenses : Passez en revue vos dépenses mensuelles et identifiez toutes les catégories de dépenses, telles que le logement, les transports, les factures d'énergie, l'alimentation, les loisirs, les dettes, etc. Tenez compte des dépenses fixes (telles que le loyer ou l'hypothèque) ainsi que des dépenses variables (telles que les sorties au restaurant).

3. Suivez vos dépenses : Pendant un mois, suivez toutes vos dépenses, en notant chaque paiement effectué. Cela vous donnera une vision précise de la façon dont vous dépensez votre argent et des domaines où vous pouvez potentiellement économiser.

4. Établissez des objectifs financiers :

Déterminez quels sont vos objectifs financiers à court terme et à long terme. Cela peut inclure l'épargne pour un achat important, la constitution d'un fonds d'urgence, le remboursement de dettes, l'investissement pour la retraite, etc. Fixez des objectifs clairs et quantifiables pour chaque catégorie.

5. Créez votre budget : À l'aide des informations recueillies, créez votre budget en attribuant des montants spécifiques à chaque catégorie de dépenses. Veillez à allouer suffisamment de fonds pour les dépenses essentielles tout en réservant une part pour l'épargne et les objectifs financiers. Assurez-vous que vos revenus couvrent vos dépenses et que vous disposez d'une marge de manœuvre pour les imprévus.

6. Contrôlez vos dépenses : Une fois votre budget établi, suivez-le attentivement. Enregistrez vos dépenses régulièrement et comparez-les à vos prévisions budgétaires.

Identifiez les écarts éventuels et ajustez vos dépenses si nécessaire. Soyez conscient de vos habitudes de consommation et soyez prêt à apporter des sacrifices pour respecter votre budget.

7. Priorisez l'épargne : Faites de l'épargne une priorité dans votre budget. Allouez une part déterminée de vos revenus à l'épargne dès le début du mois, avant de dépenser pour d'autres catégories. Automatisez vos épargnes en configurant des virements automatiques vers un compte d'épargne dédié.

8. Révisez et ajustez régulièrement : Passez en revue votre budget régulièrement, idéalement chaque mois, pour vous assurer qu'il est toujours aligné sur vos objectifs et votre situation financière actuelle. Si nécessaire, apportez des ajustements pour refléter les changements dans vos revenus, vos dépenses ou vos objectifs financiers.

En établissant un budget personnel solide et en

le suivant consciencieusement, vous aurez une meilleure compréhension de vos finances, une plus grande maîtrise de vos dépenses et une base solide pour atteindre vos objectifs financiers à long terme. Un budget bien géré vous permettra également de prendre des décisions financières éclairées et de vivre de manière plus consciente sur le plan financier.

5.2 Économiser et investir

L'économie et l'investissement jouent un rôle essentiel dans la gestion de l'argent. Économiser régulièrement et investir judicieusement vous permettent de faire fructifier votre argent, de créer un patrimoine et de réaliser vos objectifs financiers à long terme. Voici quelques conseils pour économiser et investir de manière efficace :

Établissez des objectifs d'épargne : Identifiez vos objectifs d'épargne à court terme et à long terme. Cela peut inclure constituer un fonds d'urgence, épargner pour un achat important (comme une maison ou une voiture), préparer votre retraite ou financer l'éducation de vos enfants. Fixez des objectifs spécifiques et mesurables pour chaque objectif d'épargne.

Payez-vous d'abord : Faites de l'épargne une priorité en vous payant d'abord. Dès que vous recevez votre revenu, mettez de côté une partie déterminée pour l'épargne. Automatisez ce processus en configurant des virements automatiques de votre compte courant vers un compte d'épargne dédié. Cela vous permet de mettre de côté de l'argent avant même de pouvoir le dépenser.

Contrôlez vos dépenses : Identifiez les domaines où vous pouvez réduire vos dépenses et économiser davantage. Analysez vos dépenses et éliminez les dépenses superflues. Soyez conscient de vos habitudes de consommation et posez-vous la question : "Est-ce un besoin ou un désir ?" avant de faire un achat. Réduire les dépenses discrétionnaires libère des fonds supplémentaires pour l'épargne.

Créez un fonds d'urgence : Un fonds d'urgence est essentiel pour faire face aux dépenses imprévues, comme les frais médicaux ou les réparations urgentes. Visez à constituer un fonds d'urgence équivalent à trois à six mois de dépenses courantes. Gardez cet argent dans un compte d'épargne liquide et facilement accessible.

Diversifiez vos investissements : Lorsque vous êtes prêt à investir, diversifiez vos placements pour réduire les risques. Ne mettez pas tous vos œufs dans le même panier en investissant uniquement dans un seul type d'actif. Optez pour un portefeuille bien diversifié comprenant des actions, des obligations, des fonds communs de placement et d'autres instruments financiers appropriés.

Éduquez-vous sur les investissements : Avant de commencer à investir, renseignez-vous sur les différents types d'investissements et leurs caractéristiques. Apprenez les bases de l'investissement, tels que le rendement attendu, le risque, la liquidité et les frais associés. Consultez des sources fiables, lisez des livres sur l'investissement et demandez conseil à des professionnels si nécessaires.

Consultez un conseiller financier : Si vous

n'êtes pas sûr de vos compétences en matière d'investissement ou si vous avez des objectifs financiers complexes, envisagez de consulter un conseiller financier. Un conseiller expérimenté peut vous aider à établir une stratégie d'investissement adaptée à votre situation, à votre tolérance au risque et à vos objectifs financiers.

Revoyez régulièrement votre plan d'investissement : Les marchés financiers évoluent, tout comme votre situation financière et vos objectifs. Revoyez régulièrement votre plan d'investissement pour vous assurer qu'il est toujours aligné avec vos objectifs, votre tolérance au risque et les conditions du marché.

5.3 Réduire les dettes et gérer les crédits

La gestion des dettes est un aspect crucial de la gestion de l'argent. Les dettes excessives peuvent entraîner des difficultés financières et limiter vos possibilités d'épargne et d'investissement. Voici quelques conseils pour réduire les dettes et gérer les crédits de manière efficace :

1. Faites l'inventaire de vos dettes : Commencez par faire une liste de toutes vos dettes, y compris les prêts étudiants, les prêts hypothécaires, les prêts personnels, les dettes de cartes de crédit, etc. Notez le montant total de chaque dette, le taux d'intérêt et les mensualités.

2. Créez un plan de remboursement : Analysez votre budget et déterminez combien vous pouvez consacrer au remboursement de vos dettes chaque mois. Établissez un plan de remboursement en priorisant les dettes à taux d'intérêt élevé. Vous pouvez choisir entre la méthode de la dette la plus petite à la plus grande (méthode boule de neige) ou la méthode du taux d'intérêt le plus élevé au plus bas (méthode avalanche).

3. Négociez des taux d'intérêt réduits : Contactez vos créanciers et demandez s'il est possible de négocier des taux d'intérêt réduits sur vos dettes. Si vous avez un bon historique de paiement, vous pourriez être en mesure de négocier des conditions plus favorables, ce qui vous aidera à économiser de l'argent à long terme.

4. Réduisez les dépenses discrétionnaires : Identifiez les domaines où vous pouvez réduire vos dépenses discrétionnaires et utilisez cet argent économisé pour accélérer le remboursement de vos dettes. Limitez les sorties au restaurant, les achats impulsifs et d'autres dépenses non essentielles jusqu'à ce que vous ayez réduit vos dettes de manière significative.

5. Consolidation de dettes : Si vous avez plusieurs dettes avec des taux d'intérêt élevés, envisagez de consolider vos dettes en un seul prêt à taux d'intérêt plus bas. Cela peut simplifier le remboursement et vous faire économiser de l'argent sur les intérêts. Assurez-vous de comprendre les termes et conditions de la consolidation de dettes avant de prendre une décision.

6. Utilisez le crédit de manière responsable : Si vous utilisez des cartes de crédit, assurez-vous de les utiliser de manière responsable. Évitez les dépenses excessives et payez toujours vos factures de carte de crédit dans les délais pour éviter les intérêts et les frais. Si possible, utilisez les cartes de crédit de manière stratégique pour accumuler des récompenses ou des avantages, mais assurez-vous de rembourser le solde intégralement chaque mois.

7. Établissez un fonds d'urgence : La constitution d'un fonds d'urgence est essentielle pour éviter de s'endetter en cas de dépenses imprévues. Avoir un coussin financier vous permettra de faire face à des Situations d'urgence sans avoir à recourir à des prêts coûteux.

8. Consultez un conseiller financier : Si vous êtes dépassé par vos dettes ou si vous avez du mal à les gérer, envisagez de consulter un conseiller financier ou un spécialiste en gestion de dettes. Ils peuvent vous aider à élaborer un plan de remboursement adapté à votre situation et vous fournir des conseils et des stratégies pour réduire vos dettes de manière efficace.

En réduisant vos dettes et en gérant judicieusement vos crédits, vous pouvez améliorer votre situation financière globale et vous mettre sur la voie d'une plus grande liberté financière. Soyez discipliné, persévérant et engagez-vous à prendre les mesures nécessaires pour atteindre une situation financière plus solide.

5.4 Éducation financière et prise de décisions éclairées :

L'éducation financière est un élément essentiel de la gestion de l'argent. Plus vous êtes informé et compétent en matière de finances personnelles, plus vous serez en mesure de prendre des décisions éclairées et de maximiser vos ressources financières. Voici l'importance de l'éducation financière et quelques conseils pour vous aider à prendre des décisions éclairées :

1. Comprenez les concepts financiers de base : Prenez le temps d'apprendre les principes fondamentaux de la finance personnelle, tels que la budgétisation, l'épargne, l'investissement, les taux d'intérêt, les impôts, etc. Familiarisez-vous avec les termes financiers couramment utilisés et comprenez leur signification.

2. Lisez des livres et des articles sur la finance personnelle : Il existe de nombreux livres, articles et ressources en ligne qui peuvent vous aider à approfondir vos connaissances financières. Cherchez des ouvrages réputés et des auteurs respectés dans le domaine de la finance personnelle. Lire régulièrement sur le sujet vous permettra d'élargir votre compréhension et de découvrir de nouvelles stratégies et conseils.

3. Suivez des cours ou des ateliers :

Renseignez-vous sur les cours ou les ateliers proposés localement ou en ligne qui se concentrent sur l'éducation financière. Ces programmes peuvent vous offrir une formation structurée et approfondie sur des sujets spécifiques, tels que la gestion budgétaire, l'investissement, la planification de la retraite, etc.

4. Consultez des conseillers financiers : Si vous avez des questions spécifiques ou si vous avez besoin d'une aide professionnelle, n'hésitez pas à consulter un conseiller financier. Ils peuvent vous guider dans la prise de décisions financières importantes et vous fournir des conseils personnalisés en fonction de votre situation.

5. Soyez critique vis-à-vis des informations financières : Dans un monde rempli d'informations financières, il est important d'exercer un esprit critique. Faites des recherches approfondies et vérifiez la crédibilité des sources avant de prendre des décisions financières basées sur des conseils ou des informations externes. Utilisez des sources réputées et croisez les informations pour obtenir une vue d'ensemble.

6. Établissez des objectifs financiers clairs : Avoir des objectifs financiers clairs et spécifiques vous aidera à prendre des décisions éclairées. Déterminez ce que vous voulez réaliser financièrement à court terme, à moyen terme et à long terme. Vos objectifs serviront de guide dans vos décisions financières et vous permettront de rester concentré sur ce qui est vraiment important pour vous.

7. Analysez les avantages et les inconvénients : Avant de prendre une décision financière importante, prenez le temps d'analyser les avantages et les inconvénients. Évaluez les risques potentiels, les coûts associés, les avantages à court et à long terme, et évaluez si la décision est alignée avec vos objectifs financiers et vos valeurs personnelles.

L'éducation financière est un processus continu. Plus vous vous engagez à en apprendre davantage sur la gestion de l'argent, plus vous développerez vos compétences financières et serez en mesure de prendre des décisions éclairées pour votre avenir financier. N'oubliez pas que chaque petite étape compte, et l'accumulation de connaissances et d'expérience au fil du temps peut avoir un impact significatif sur votre bien-être financier.

5.5 Négociation et recherche des meilleures offres

La capacité de négocier et de rechercher les meilleures offres est un aspect essentiel de la gestion de l'argent. Cela peut vous aider à économiser de l'argent, à obtenir des avantages supplémentaires et à maximiser la valeur de vos dépenses. Voici quelques conseils pour améliorer vos compétences en négociation et en recherche des meilleures offres :

1. Faites vos recherches : Avant d'acheter

un produit ou de souscrire à un service, prenez le temps de faire des recherches approfondies. Comparez les prix, lisez les avis des clients, recherchez les offres spéciales et les promotions en cours. Plus vous serez informé sur le marché et les options disponibles, plus vous serez en mesure de négocier efficacement.

2. Fixez vos limites : Avant d'entamer une négociation, déterminez vos limites financières et ce que vous considérez comme une offre raisonnable. Avoir une idée claire de ce que vous êtes prêt à payer ou à accepter vous aidera à rester concentré et à prendre des décisions éclairées lors des négociations.

3. Pratiquez vos compétences en communication : La négociation implique une communication claire et efficace. Pratiquez l'art de la persuasion, apprenez à écouter activement et à poser des questions pertinentes. Soyez prêt à expliquer vos besoins et à exprimer vos préoccupations de manière respectueuse mais ferme.

4. Explorez les options de marchandage : *Ne prenez pas les prix affichés comme une offre finale. Explorez les possibilités de négociation avec les vendeurs ou les fournisseurs de services. Dans de nombreux cas, il est possible d'obtenir des réductions, des rabais ou des avantages supplémentaires simplement en demandant.*

5. Soyez prêt à faire des compromis : *Dans une négociation, il est souvent nécessaire de faire des compromis pour parvenir à un accord mutuellement avantageux. Soyez flexible et ouvert aux solutions alternatives qui pourraient répondre à vos besoins tout en satisfaisant également les intérêts de l'autre partie.*

6. Utilisez la concurrence à votre avantage : *Si vous avez plusieurs options disponibles, utilisez la concurrence à votre* *avantage. Informez les vendeurs ou les prestataires de services que vous comparez les offres et que vous recherchez la meilleure offre possible. Cela peut les encourager à vous faire une proposition plus avantageuse pour obtenir votre entreprise.*

7. Soyez patient et persévérant : La négociation peut prendre du temps et nécessiter de la persévérance. Ne vous précipitez pas pour accepter la première offre qui vous est présentée. Prenez le temps de peser les options, de réfléchir aux alternatives et d'explorer différentes possibilités de négociation. Parfois, être patient et persévérer peut vous permettre d'obtenir une meilleure offre à long terme.*

La négociation et la recherche des meilleures offres demandent de la pratique et de la confiance en soi. Plus vous les mettrez en pratique, plus vous développerez vos compétences et obtiendrez de meilleurs résultats dans vos transactions financières. N'ayez pas peur de demander ce que vous voulez et de négocier pour obtenir les meilleures conditions possibles.

5.6 Préparation aux urgences financières :

La vie est imprévisible, et il est essentiel d'être préparé aux urgences financières qui pourraient survenir à tout moment. Voici quelques mesures que vous pouvez prendre pour vous préparer aux urgences financières :

Constituer un fonds d'urgence : Épargner régulièrement pour constituer un fonds d'urgence est crucial. Cela vous permettra d'avoir une réserve financière pour faire face aux dépenses imprévues, comme des réparations de voiture, des frais médicaux ou une perte d'emploi. Visez à économiser au moins trois à six mois de dépenses courantes dans votre fonds d'urgence.

Assurez-vous adéquatement : Avoir une couverture d'assurance adéquate peut vous protéger financièrement en cas d'urgence. Assurez-vous d'avoir une assurance maladie, une assurance habitation, une assurance automobile, ainsi qu'une assurance responsabilité civile, si nécessaire. Vérifiez régulièrement vos polices d'assurance pour vous assurer qu'elles sont à jour et adaptées à vos besoins.

Établissez un budget réaliste : Avoir un budget solide peut vous aider à mieux gérer vos finances au quotidien et à vous préparer aux imprévus. Évaluez vos revenus et vos dépenses, identifiez les domaines où vous pouvez réduire les dépenses superflues et allouez une partie de votre budget à l'épargne pour les urgences.

Diversifiez vos sources de revenus : Avoir plusieurs sources de revenus peut vous offrir une sécurité financière supplémentaire en cas d'urgence. Explorez des opportunités pour gagner un revenu supplémentaire, comme un emploi à temps partiel, un travail indépendant, ou des investissements qui génèrent des revenus passifs.

Réduisez vos dettes : Les dettes peuvent aggraver une situation d'urgence financière. Faites de votre mieux pour rembourser vos dettes existantes et évitez d'en contracter de nouvelles. Établissez un plan de remboursement et explorez des stratégies pour réduire vos intérêts et accélérer le remboursement de vos dettes.

Identifiez les ressources d'aide : Renseignez-vous sur les ressources d'aide financière disponibles dans votre région en cas d'urgence. Il peut s'agir d'aides gouvernementales, d'organisations caritatives ou de programmes d'assistance sociale. Avoir connaissance de ces ressources peut vous aider à faire face à une situation financière difficile.

Priorisez votre santé financière : Une bonne santé financière globale est essentielle pour faire face aux urgences. Établissez des objectifs financiers à long terme, planifiez votre retraite et investissez judicieusement pour sécuriser votre avenir financier.

Se préparer aux urgences financières demande de la discipline et de la planification. En suivant ces conseils et en prenant des mesures proactives, vous serez mieux préparé à faire face aux défis financiers imprévus et à protéger votre stabilité financière à long terme.

CHAPITRE 6 : L'ENTREPRENEURIAT ET L'INNOVATION

L'entrepreneuriat et l'innovation sont des éléments clés de la création de richesse et de la réalisation de vos objectifs financiers. Ce chapitre explore le monde de l'entrepreneuriat, en mettant l'accent sur l'importance de l'innovation et sur la manière de développer vos compétences entrepreneuriales.

6.1 Introduction à l'entrepreneuriat

L'entrepreneuriat est un concept dynamique qui englobe la création, la gestion et le développement d'une entreprise ou d'une initiative commerciale, souvent avec un accent sur l'innovation. Son rôle principal est de stimuler la croissance économique en créant de la richesse à travers la production de biens et de services, la création d'emplois et la génération de revenus. Voici quelques points clés à considérer :

1. Définition de l'entrepreneuriat et son rôle dans la création de richesse

- L'entrepreneuriat implique la prise de risque pour exploiter des opportunités commerciales en vue de réaliser un profit. C'est un processus dynamique qui peut varier en fonction du contexte économique, social et culturel.

- Son rôle dans la création de richesse est crucial. Les entrepreneurs identifient les besoins du marché et développent des solutions innovantes pour y répondre. Ils créent ainsi de la valeur économique, ce qui contribue à la croissance économique globale.

2. Avantages et défis de l'entrepreneuriat

- Avantages :

- Autonomie : les entrepreneurs ont la liberté de prendre leurs propres décisions et de créer leur propre voie.

- Potentiel de revenu : contrairement à un emploi traditionnel, les entrepreneurs ont la possibilité de générer des revenus significatifs, voire illimités.

- Impact social : les entreprises innovantes peuvent apporter des changements positifs à la société en introduisant de nouvelles technologies, en créant des emplois et en améliorant la qualité de vie.

- Défis :

- Risque financier : l'entrepreneuriat comporte un risque financier significatif, notamment en ce qui concerne l'investissement initial et la viabilité à long terme de l'entreprise.

- Incertitude : le succès entrepreneurial n'est pas garanti et les entrepreneurs doivent souvent faire face à l'incertitude du marché, à la concurrence et à d'autres défis imprévus.

- Charge de travail : les entrepreneurs doivent souvent travailler de longues heures et assumer de multiples responsabilités pour faire avancer leur entreprise.

3. Les différentes formes d'entrepreneuriat

- Entrepreneur individuel : une personne qui lance et gère une entreprise seule, assumant tous les risques et les responsabilités.

- Start-up : une entreprise émergente axée sur l'innovation et la croissance rapide, souvent dans le secteur technologique ou des services.

- Franchise : un modèle d'entreprise dans lequel un individu (franchisé) achète les droits d'utiliser et de commercialiser les produits ou services d'une entreprise (franchiseur) existante.

- Entrepreneuriat social : des entreprises qui poursuivent des objectifs sociaux ou environnementaux tout en générant des profits, souvent en répondant à des besoins non satisfaits dans la société.

Ces différentes formes d'entrepreneuriat offrent des opportunités uniques et présentent des défis spécifiques, mais toutes contribuent à la dynamique économique et sociale globale.

6.2 L'importance de l'innovation

L'innovation joue un rôle essentiel dans la création de valeur économique et dans le maintien de l'avantage concurrentiel des entreprises. Voici quelques points clés à considérer :

1. Le lien entre l'innovation et la création de valeur économique

- L'innovation est un moteur majeur de la croissance économique car elle permet aux entreprises de créer de nouveaux produits, services, processus ou modèles commerciaux qui répondent aux besoins changeants des consommateurs et du marché.

- En introduisant de nouvelles idées, technologies ou méthodes, les entreprises peuvent accroître leur efficacité, leur productivité et leur compétitivité, ce qui se traduit généralement par une augmentation des revenus et des profits.

2. Les types d'innovation

- Innovation de produit : se réfère au développement de nouveaux produits ou à l'amélioration des produits existants pour répondre aux besoins des consommateurs ou introduire de nouvelles fonctionnalités.

- Innovation de processus : implique l'amélioration des méthodes de production, de distribution ou de prestation de services afin d'optimiser l'efficacité, la qualité et la rentabilité.

- Innovation organisationnelle : concerne la mise en œuvre de nouveaux systèmes, structures ou pratiques de gestion visant à améliorer la performance globale de l'entreprise, notamment en termes d'agilité, de flexibilité et d'adaptabilité.

3. *Les avantages concurrentiels de l'innovation*

- Différenciation : l'innovation permet aux entreprises de se distinguer de leurs concurrents en offrant des produits ou services uniques et à valeur ajoutée, ce qui renforce leur position sur le marché.

- Réduction des coûts : l'innovation de processus peut entraîner des économies d'échelle et une meilleure efficacité opérationnelle, ce qui permet aux entreprises de réduire leurs coûts de production et d'améliorer leur rentabilité.

- Adaptabilité : les entreprises innovantes sont mieux équipées pour s'adapter aux changements du marché, aux nouvelles tendances ou aux évolutions technologiques, ce qui leur permet de rester compétitives dans un environnement en mutation constante.

En résumé, l'innovation est un moteur crucial de la croissance économique et de la compétitivité des entreprises. En investissant dans l'innovation et en encourageant la créativité au sein de leurs organisations, les entreprises peuvent non seulement créer de la valeur pour elles-mêmes, mais aussi contribuer de manière significative au progrès économique et social.

6.3 Développer des compétences entrepreneuriales

Développer des compétences entrepreneuriales est essentiel pour réussir dans le monde des affaires. Voici quelques points à considérer pour identifier, développer et renforcer vos compétences entrepreneuriales.

1. Identifier vos forces et vos intérêts en

tant qu'entrepreneur

- Faites un bilan de vos compétences, expériences et intérêts pour identifier ce que vous apportez en tant qu'entrepreneur. Réfléchissez à vos réussites passées, à vos compétences techniques et à vos talents personnels.

- Identifiez vos domaines d'intérêt et les secteurs dans lesquels vous êtes passionné. L'entrepreneuriat est un voyage exigeant, donc être passionné par ce que vous faites peut-être un moteur important de succès.

2. Les compétences clés de l'entrepreneur

- Créativité : la capacité à générer de nouvelles idées, à penser de manière innovante et à trouver des solutions créatives aux problèmes.

- Résilience : la capacité à faire face à l'adversité, aux revers et aux échecs, et à rebondir plus fort.

- Prise de risques calculés : savoir évaluer les risques et les opportunités, et être prêt à prendre des décisions audacieuses mais réfléchies.

- Capacité à résoudre les problèmes : être capable d'analyser les situations, de diagnostiquer les problèmes et de trouver des solutions efficaces.

- Compétences en communication et en relations interpersonnelles : être capable de communiquer efficacement, de collaborer avec les autres et de construire des relations solides avec les clients, les partenaires et les employés.

3. Les stratégies pour développer vos compétences entrepreneuriales

- Éducation et formation : investissez dans votre développement professionnel en suivant des cours, des ateliers ou des programmes de formation spécifiquement conçus pour les entrepreneurs.

- Mentorat et réseautage : trouvez des mentors expérimentés dans votre domaine d'activité et construisez un réseau professionnel solide pour bénéficier des conseils, du soutien et des opportunités offertes par d'autres entrepreneurs.

- Expérience pratique : rien ne remplace

l'expérience réelle. Lancez-vous dans des projets entrepreneuriaux, même de petite envergure, pour acquérir une expérience pratique et apprendre de vos succès et de vos échecs.

- Auto-évaluation et feedback : soyez ouvert à l'auto-évaluation et sollicitez régulièrement des feedbacks constructifs de la part de vos pairs, de vos mentors ou de vos clients pour identifier vos points forts et vos axes d'amélioration.

En développant et en renforçant ces compétences entrepreneuriales, vous serez mieux équipé pour naviguer dans le monde complexe et dynamique de l'entrepreneuriat et pour atteindre vos objectifs professionnels et personnels.

6.4 La planification d'entreprise

La planification d'entreprise, et en particulier la création d'un plan d'affaires solide, est essentielle pour orienter la croissance et le développement d'une entreprise. Voici les éléments clés à considérer ainsi que les étapes pour développer un plan d'affaires efficace :

1.L'importance d'un plan d'affaires solide

- Un plan d'affaires constitue un outil stratégique crucial pour guider les décisions et les actions de l'entreprise. Il aide à définir les objectifs, les stratégies et les ressources nécessaires pour atteindre le succès.

- Il sert également de document de référence pour les investisseurs potentiels, les partenaires commerciaux et les prêteurs, démontrant la viabilité et le potentiel de rentabilité de l'entreprise.

2.Les éléments clés d'un plan d'affaires

- Analyse de marché : comprendre le marché cible, la concurrence, les tendances du secteur et les besoins des clients.

- Stratégie marketing : définir les stratégies de vente, de promotion et de distribution pour atteindre les clients potentiels et positionner l'entreprise sur le marché.

- Structure organisationnelle : décrire la structure de l'entreprise, les rôles et responsabilités du personnel clé, ainsi que les politiques et procédures internes.

- Projections financières : inclure des prévisions de revenus, de coûts, de flux de trésorerie et de rentabilité pour les premières années d'activité.

- Plan opérationnel : détailler les activités quotidiennes de l'entreprise, les processus de production ou de prestation de services, ainsi que les besoins en ressources matérielles et humaines.

- Plan de gestion des risques : identifier les risques potentiels pour l'entreprise et décrire les mesures pour les atténuer ou les gérer.

3. Les étapes pour développer un plan d'affaires efficace

- Définir les objectifs : clarifiez les objectifs à court et à long terme de l'entreprise.

- Effectuer une analyse de marché approfondie : recueillez des données sur le marché, la concurrence et les tendances du secteur pour informer vos stratégies.

- Élaborer une stratégie globale : utilisez les informations de l'analyse de marché pour élaborer une stratégie marketing, opérationnelle et financière solide.

- Rédiger le plan d'affaires : organisez les informations recueillies dans un format clair et concis, en veillant à ce que chaque élément clé soit abordé de manière détaillée.

- Réviser et mettre à jour régulièrement : le plan d'affaires doit être un document dynamique qui évolue avec l'entreprise. Révisez-le périodiquement pour refléter les changements dans l'environnement commercial et les objectifs de l'entreprise.

En suivant ces étapes et en élaborant un plan d'affaires complet et bien structuré, vous pouvez fournir une feuille de route claire pour le succès de votre entreprise et attirer les ressources nécessaires pour sa croissance et son développement.

6.5 Financement de votre entreprise

Le financement est souvent un élément

crucial pour le succès d'une entreprise. Voici un aperçu des différentes sources de financement disponibles ainsi que des critères d'obtention et des meilleures pratiques pour présenter une demande de financement :

1. Les différentes sources de financement

- Fonds propres : l'argent investi par les propriétaires de l'entreprise ou par des actionnaires en échange de parts de propriété.

- Prêts bancaires : des prêts accordés par des institutions financières qui doivent être remboursés avec intérêts sur une période déterminée.

- Investisseurs providentiels (business angels) : des individus fortunés qui investissent leur propre argent dans des entreprises en échange d'une participation au capital ou d'une part des bénéfices futurs.

- Capital-risque : des fonds d'investissement qui investissent dans des entreprises en démarrage ou en croissance, souvent dans des secteurs technologiques ou à fort potentiel de croissance.

- Financement participatif (crowdfunding) : une méthode de collecte de fonds auprès d'un grand nombre de personnes via des plateformes en ligne.

- Subventions gouvernementales : des subventions accordées par des organismes gouvernementaux pour soutenir des projets spécifiques dans des domaines tels que la recherche et le développement, l'innovation ou la création d'emplois.

2. Les critères d'obtention de financement et les meilleures pratiques pour présenter une demande de financement

- Définir vos besoins financiers : déterminez le montant nécessaire et comment il sera utilisé dans votre entreprise.

- Étudier les options de financement disponibles : examinez les différentes sources de financement et identifiez celles qui correspondent le mieux à vos besoins et à votre stade de développement.

- Préparer un plan d'affaires solide : présentez un plan d'affaires complet et bien documenté qui démontre la viabilité de votre entreprise, ses perspectives de croissance et son potentiel de rentabilité.

- Présenter des projections financières réalistes : incluez des prévisions de revenus, de coûts et de flux de trésorerie réalistes pour convaincre les prêteurs ou les investisseurs de la viabilité financière de votre entreprise.

- Mettre en avant vos atouts et votre expérience : mettez en avant vos antécédents professionnels, votre expertise sectorielle et les points forts de votre équipe pour renforcer la confiance des investisseurs dans votre capacité à réussir.

- Être transparent et professionnel : fournissez des informations précises, transparentes et complètes dans votre demande de financement, et soyez prêt à répondre aux questions ou aux préoccupations des investisseurs ou des prêteurs.

En suivant ces critères d'obtention et ces meilleures pratiques, vous pouvez maximiser vos chances d'obtenir le financement nécessaire pour démarrer ou développer votre entreprise.

6.6 Gérer et faire croître votre entreprise

La gestion efficace d'une entreprise est essentielle pour assurer sa croissance et sa rentabilité à long terme. Voici un aperçu des principes de base de la gestion d'entreprise, des stratégies pour développer votre entreprise et les défis courants auxquels les entrepreneurs sont confrontés, ainsi que des meilleures pratiques pour les surmonter :

1. Principes de base de la gestion d'entreprise

- Gestion des opérations : assurer une efficacité opérationnelle en optimisant les processus, en contrôlant les coûts et en garantissant la qualité des produits ou services.

- Gestion des ressources humaines : recruter, former et motiver une équipe talentueuse, promouvoir un environnement de travail positif et développer les compétences des employés.

- Gestion financière : gérer les finances de manière responsable en suivant et en analysant les performances financières, en élaborant des budgets et en planifiant les investissements pour assurer la stabilité et la croissance de l'entreprise.

2. Stratégies pour développer votre entreprise et accroître sa rentabilité

- Expansion du marché : identifier de nouveaux segments de marché, développer de nouveaux produits ou services et étendre la présence géographique de l'entreprise.

- Fidélisation de la clientèle : mettre en place des programmes de fidélisation, offrir un service client exceptionnel et s'engager à répondre aux besoins et aux attentes des clients.

- Optimisation des processus : rechercher continuellement des moyens d'améliorer l'efficacité opérationnelle, de réduire les coûts et d'optimiser les processus de production ou de prestation de services.

- Innovation : investir dans la recherche et

le développement, encourager la créativité et l'innovation au sein de l'entreprise pour rester concurrentiel sur le marché.

3. Les défis courants auxquels les entrepreneurs sont confrontés et les meilleures pratiques pour les surmonter

- Gestion du temps et des ressources : établir des priorités, déléguer les tâches lorsque cela est possible et utiliser efficacement les ressources disponibles.

- Gestion de la croissance : anticiper les défis liés à la croissance rapide, comme la gestion des liquidités, la capacité à répondre à la demande accrue et la nécessité d'adapter les processus et les structures organisationnelles.

- Adaptation au changement : être flexible et réactif aux changements du marché, aux nouvelles technologies et aux évolutions réglementaires en ajustant constamment la stratégie et les opérations de l'entreprise.

En mettant en pratique ces principes de gestion d'entreprise, en adoptant des stratégies de croissance efficaces et en faisant preuve de résilience face aux défis, les entrepreneurs peuvent positionner leur entreprise pour réussir et prospérer dans un environnement commercial dynamique.

6.7 L'innovation continue et l'adaptation au changement

L'innovation continue et l'adaptation au changement sont des éléments essentiels pour assurer la croissance et la pérennité d'une entreprise dans un environnement commercial en constante évolution. Voici quelques points clés à considérer :

1.L'importance de l'innovation continue pour la croissance de l'entreprise

- L'innovation est un moteur essentiel de la croissance économique et de la compétitivité des entreprises. Elle permet d'anticiper et de répondre aux besoins changeants des clients, d'exploiter de nouvelles opportunités commerciales et de se démarquer de la concurrence.

- Les entreprises qui réussissent à innover de manière continue sont mieux positionnées pour maintenir leur avantage concurrentiel et s'adapter aux évolutions du marché, ce qui contribue à leur croissance et à leur réussite à long terme.

2. Les stratégies pour rester à l'avant-garde de l'industrie et s'adapter aux changements économiques et technologiques

- Veille concurrentielle et technologique : surveiller de près les tendances du marché, les innovations technologiques et les mouvements de la concurrence pour identifier les opportunités et les menaces potentielles.

- Investissement dans la recherche et le développement (R&D) : allouer des ressources à la R&D pour stimuler l'innovation produit, processus et organisationnelle, et maintenir une longueur d'avance sur le marché.

- Collaboration et partenariats : établir

des partenariats stratégiques avec d'autres entreprises, des universités ou des instituts de recherche pour partager des connaissances, des ressources et des technologies, et stimuler l'innovation.

- Flexibilité et agilité : adopter une approche agile et réactive pour ajuster rapidement les stratégies et les opérations en fonction des changements économiques, technologiques ou réglementaires.

3. L'encouragement d'une culture d'innovation au sein de votre entreprise

- Promouvoir la prise de risque et la créativité : encourager les employés à proposer de nouvelles idées, à explorer de nouvelles solutions et à prendre des initiatives pour innover dans leur travail.

- Favoriser le partage des connaissances : créer un environnement de travail collaboratif où les employés peuvent partager leurs idées, leurs compétences et leurs expériences pour nourrir l'innovation.

- Reconnaître et récompenser l'innovation :

mettre en place des programmes de reconnaissance et de récompense pour valoriser les contributions des employés à l'innovation et stimuler leur engagement à innover.

En favorisant une culture d'innovation et en mettant en œuvre des stratégies proactives pour rester à l'avant-garde de l'industrie, les entreprises peuvent s'adapter avec succès aux changements économiques et technologiques, et assurer leur croissance et leur succès à long terme.

CHAPITRE 7 : LE MINDSET DE LA RICHESSE

Le mindset, ou l'état d'esprit, joue un rôle crucial dans la création et l'accumulation de richesse. Ce chapitre se concentre sur l'importance de cultiver un mindset propice à la réussite financière. Voici quelques sections qui pourraient être incluses dans ce chapitre :

7.1 La puissance de la pensée positive

La pensée positive peut avoir un impact significatif sur vos actions et vos résultats financiers, en vous aidant à surmonter les défis, à saisir les opportunités et à atteindre vos objectifs. Voici quelques points clés à considérer ainsi que des stratégies pour développer une attitude positive et des techniques pour renforcer votre mindset positif :

1.L'influence de la pensée positive sur vos actions et vos résultats financiers

- La pensée positive peut vous aider à adopter une attitude proactive et constructive face aux défis, ce qui vous permet de prendre des décisions éclairées et de persévérer dans la poursuite de vos objectifs financiers.

- En cultivant une attitude positive, vous êtes plus susceptible de rester motivé, résilient et axé sur les solutions, ce qui peut vous aider à surmonter les obstacles et à atteindre le succès financier.

2.Les stratégies pour développer une attitude positive face aux défis et aux obstacles

- Pratiquer la gratitude : prendre le temps chaque jour pour reconnaître et apprécier les aspects positifs de votre vie et de votre travail peut vous aider à cultiver une attitude optimiste et reconnaissante.

- Se concentrer sur le présent : se concentrer sur le moment présent et sur ce que vous pouvez contrôler immédiatement, plutôt que de vous inquiéter pour le passé ou l'avenir, peut vous aider à rester calme et positif face aux défis.

- Changer de perspective : chercher les leçons et les opportunités cachées dans les défis et les échecs peut vous aider à les aborder avec optimisme et à en tirer des enseignements précieux pour votre croissance personnelle et financière.

3. Les techniques de visualisation et d'affirmations pour renforcer votre mindset positif

- Visualisation : imaginez-vous atteignant vos objectifs financiers et vivant la vie que vous désirez. Visualiser votre succès de manière détaillée et réaliste peut renforcer votre confiance en vous et votre détermination à réussir.

- Affirmations positives : répéter des affirmations positives chaque jour, telles que "Je suis capable de réussir financièrement" ou "Je crée activement ma propre chance", peut reprogrammer votre esprit pour adopter une attitude positive et proactive.

En intégrant ces stratégies et techniques dans

votre quotidien, vous pouvez renforcer votre mindset positif, stimuler votre motivation et votre confiance en vous, et ainsi améliorer vos actions et vos résultats financiers.

7.2 La confiance en soi et l'estime de soi

La confiance en soi et l'estime de soi sont des éléments essentiels pour atteindre la richesse et le succès financier. Voici quelques points clés à considérer ainsi que des façons de renforcer votre confiance en vous et d'améliorer votre estime de soi, ainsi que des stratégies pour surmonter les doutes et les peurs qui peuvent entraver votre succès financier :

1.L'importance de la confiance en soi pour atteindre la richesse

- La confiance en soi est essentielle pour entreprendre des actions audacieuses et prendre des décisions courageuses en matière financière. Elle vous permet de croire en vos compétences, en votre valeur et en votre capacité à réussir.

- La confiance en soi vous permet également de prendre des risques calculés, de saisir les opportunités et de persévérer face aux obstacles, ce qui est essentiel pour atteindre la richesse et le succès financier.

2. Les façons de renforcer votre confiance en vous et d'améliorer votre estime de soi

- Identifiez vos forces et vos réussites : prenez le temps de réfléchir à vos succès passés, à vos compétences et à vos qualités personnelles, et reconnaissez vos réalisations.

- Fixez-vous des objectifs réalisables : établissez des objectifs financiers réalistes et mesurables, puis prenez des mesures progressives pour les atteindre. Chaque petit succès renforcera votre confiance en vous.

- Pratiquez l'auto-compassion : soyez gentil et compatissant envers vous-même, même lorsque vous faites face à des défis ou à des échecs. Apprenez à vous pardonner et à vous soutenir dans votre parcours vers le succès financier.

3. Les stratégies pour surmonter les doutes et les peurs qui peuvent entraver votre succès financier

- Identifiez et confrontez vos pensées négatives : prenez conscience des pensées auto-limitantes et des croyances qui sabotent votre confiance en vous, puis remplacez-les par des pensées positives et constructives.

- Prenez des mesures même en cas de peur : ne laissez pas la peur de l'échec ou du jugement des autres vous empêcher d'agir. Prenez des mesures malgré vos peurs et utilisez-les comme des occasions d'apprentissage et de croissance.

- Cultivez un réseau de soutien : entourez-vous de personnes positives et encourageantes qui croient en vous et en votre potentiel. Leur soutien peut vous aider à surmonter les doutes et les peurs et à vous sentir plus confiant dans vos efforts financiers.

En renforçant votre confiance en vous et en améliorant votre estime de soi, vous pouvez surmonter les obstacles, prendre des décisions financières judicieuses et atteindre la richesse et le succès que vous désirez.

7.3 La gestion des croyances limitantes

La gestion des croyances limitantes est un élément crucial pour libérer votre potentiel financier et atteindre le succès que vous désirez. Voici quelques conseils pour identifier, remettre en question et transformer vos croyances limitantes, ainsi que des techniques et des pratiques pour renforcer votre mindset de richesse :

1. Identification et remise en question des croyances limitantes

- Prenez conscience de vos pensées et de vos croyances concernant l'argent, la richesse et le succès. Identifiez les croyances qui vous limitent et qui vous empêchent d'atteindre vos objectifs financiers.

- Remettez en question ces croyances en examinant les preuves objectives qui les soutiennent. Demandez-vous si ces croyances sont vraiment basées sur la réalité ou si elles sont le résultat de perceptions erronées ou de conditionnements passés.

2.Techniques de reprogrammation mentale pour transformer les croyances négatives en croyances positives

- Pratiquez l'affirmation positive : remplacez les pensées négatives par des affirmations positives et constructives sur l'argent, la richesse et le succès. Répétez ces affirmations régulièrement pour reprogrammer votre esprit et renforcer vos croyances positives.

- Utilisez la visualisation : imaginez-vous vivant la vie de vos rêves, entouré de richesse et de succès. Visualisez-vous atteignant vos objectifs financiers et ressentez les émotions positives associées à cette réalisation.

- Pratiquez la méditation : la méditation peut vous aider à calmer votre esprit et à vous libérer des pensées négatives et limitantes. En méditant régulièrement, vous pouvez développer une perspective plus positive et équilibrée sur la richesse et le succès.

3.Pratiques de développement personnel pour renforcer votre mindset de richesse

- Lisez des livres inspirants : exposez-vous à des idées et à des perspectives qui vous encouragent à penser grand et à viser haut en matière de richesse et de succès.

- Entourez-vous de personnes positives : passez du temps avec des personnes qui ont une mentalité de richesse et qui vous soutiennent dans vos objectifs financiers. Leur influence positive peut renforcer votre propre mindset de richesse.

- Investissez dans votre croissance personnelle : participez à des séminaires, des ateliers ou des programmes de développement personnel qui vous aident à cultiver une mentalité de richesse et à développer les compétences nécessaires pour atteindre vos objectifs financiers.

En appliquant ces techniques et pratiques de gestion des croyances limitantes, vous pouvez transformer votre mindset financier, libérer votre potentiel et atteindre la richesse et le succès que vous méritez.

7.4 L'adaptabilité et la résilience

L'adaptabilité et la résilience sont des qualités cruciales pour naviguer avec succès dans les turbulences financières et surmonter les défis qui se présentent sur votre chemin vers la richesse. Voici quelques conseils pour comprendre leur importance, les développer et les entretenir :

1.L'importance d'être adaptable et résilient face aux changements et aux revers financiers

- Les conditions économiques et financières sont rarement constantes. Être capable de s'adapter rapidement aux changements du marché, aux fluctuations économiques et aux imprévus est essentiel pour maintenir votre trajectoire financière et atteindre vos objectifs.

- La résilience vous permet de rebondir après des revers financiers ou des échecs, de tirer des leçons de vos expériences et de continuer à avancer avec détermination et persévérance.

2.Les stratégies pour développer votre

résilience et votre capacité à rebondir après des échecs

- Cultivez une attitude positive : adoptez une perspective optimiste et réaliste face aux défis et aux échecs. Voyez-les comme des occasions d'apprentissage et de croissance plutôt que comme des obstacles insurmontables.

- Apprenez à gérer le stress : développez des techniques de gestion du stress telles que la méditation, la respiration profonde ou l'exercice physique pour maintenir votre calme et votre clarté mentale même dans les moments difficiles.

- Renforcez votre réseau de soutien : entourez-vous de personnes positives et bienveillantes qui peuvent vous offrir un soutien émotionnel et pratique lorsque vous traversez des périodes de difficulté financière.

- Restez flexible : soyez prêt à ajuster vos plans et vos stratégies en fonction des circonstances changeantes. La capacité à s'adapter rapidement aux nouvelles situations est essentielle pour surmonter les défis financiers.

3. Les habitudes quotidiennes pour maintenir une attitude d'adaptabilité et de résilience face aux défis financiers

- Pratiquez la gratitude : prenez chaque jour le temps de reconnaître et d'apprécier les aspects positifs de votre vie financière, même dans les moments difficiles.

- Fixez-vous des objectifs réalisables : établissez des objectifs financiers réalistes et réalisables, puis prenez des mesures progressives pour les atteindre. Chaque petit pas en avant renforcera votre confiance et votre résilience.

- Prenez soin de vous : veillez à votre bien-être physique, mental et émotionnel en adoptant des habitudes de vie saines, en pratiquant l'auto-compassion et en accordant du temps pour vous détendre et vous ressourcer régulièrement.

En développant ces stratégies et ces habitudes quotidiennes, vous renforcerez votre capacité à faire face aux défis financiers avec adaptabilité et résilience, ce qui vous permettra de continuer à progresser vers vos objectifs de richesse et de succès.

7.5 La discipline et la persévérance

La discipline et la persévérance jouent un rôle essentiel dans la réalisation de vos objectifs financiers. Voici quelques points à considérer, ainsi que des techniques pour développer une discipline financière et des stratégies pour persévérer malgré les difficultés financières :

1. Le rôle de la discipline et de la persévérance dans la réalisation de vos objectifs financiers

- La discipline vous aide à rester fidèle à vos plans financiers, à éviter les tentations de dépenses impulsives et à maintenir des habitudes financières saines sur le long terme.

- La persévérance vous permet de surmonter les obstacles, les revers financiers et les périodes de découragement en restant concentré sur vos objectifs et en continuant à avancer malgré les difficultés.

2. Les techniques pour développer une discipline financière et rester concentré sur vos priorités

- Établissez un budget : créez un plan financier détaillé en définissant vos revenus, vos dépenses et vos objectifs d'épargne. Suivez régulièrement votre budget pour rester conscient de votre situation financière et de vos progrès.

- Automatisez vos finances : configurez des paiements automatiques pour vos factures et vos épargnes afin d'éviter les oublis et de garantir que vous respectez vos engagements financiers.

- Pratiquez la maîtrise de soi : apprenez à différer les gratifications instantanées en faveur de récompenses financières à long terme. Identifiez vos déclencheurs de dépenses impulsives et développez des stratégies pour les éviter.

- Fixez-vous des objectifs clairs et mesurables : définissez des objectifs financiers spécifiques, réalisables et temporellement définis. Divisez-les en étapes plus petites et plus gérables, puis concentrez-vous sur une étape à la fois pour maintenir votre motivation et votre engagement.

3. Les stratégies pour surmonter les obstacles et persévérer malgré les difficultés financières

- Restez flexible : soyez prêt à ajuster vos plans et vos stratégies en fonction des changements de circonstances ou des imprévus financiers. La flexibilité vous permet de vous adapter aux obstacles et de trouver des solutions alternatives.

- Apprenez des échecs : voyez les revers financiers comme des opportunités d'apprentissage et de croissance. Identifiez les leçons à tirer de chaque échec et utilisez-les pour vous améliorer et avancer vers vos objectifs.

- Trouvez du soutien : entourez-vous de personnes positives et bienveillantes qui peuvent vous offrir un soutien émotionnel et pratique lorsque vous traversez des périodes de difficulté financière. Partagez vos défis et vos succès avec eux pour renforcer votre détermination et votre résilience.

En mettant en pratique ces techniques et ces stratégies, vous renforcerez votre discipline financière, votre persévérance et votre capacité à atteindre vos objectifs financiers malgré les obstacles rencontrés en chemin.

7.6 La gratitude et l'abondance

La gratitude joue un rôle essentiel dans la création d'un mindset de richesse et d'abondance. Voici quelques points clés à considérer, ainsi que des pratiques de gratitude pour cultiver un état d'esprit d'abondance et de satisfaction, ainsi que les avantages de voir les opportunités et les ressources disponibles plutôt que de se concentrer sur les limitations :

1. L'importance de la gratitude dans la création d'un mindset de richesse

- La gratitude vous permet de reconnaître et d'apprécier les nombreuses bénédictions et les ressources positives présentes dans votre vie, ce qui renforce votre sentiment d'abondance et de satisfaction.

- En cultivant un état d'esprit de gratitude,

vous développez une perspective positive et optimiste sur la vie, ce qui vous permet d'attirer plus facilement la richesse et les opportunités dans votre vie.

2. Les pratiques de gratitude pour cultiver un état d'esprit d'abondance et de satisfaction

- Tenir un journal de gratitude : prenez quelques minutes chaque jour pour écrire trois choses pour lesquelles vous êtes reconnaissant. Cela peut inclure des aspects de votre vie financière, tels que vos revenus, vos économies ou les opportunités que vous avez eues.

- Exprimer la gratitude : prenez l'habitude de remercier les autres pour leur soutien, leur générosité et leurs contributions à votre vie financière. Exprimer votre gratitude renforce les liens sociaux et crée un cercle vertueux d'abondance.

- Méditer sur la gratitude : pratiquez la méditation de gratitude en vous concentrant sur les aspects positifs de votre vie financière et en ressentant profondément la gratitude pour ces bénédictions.

3. Les avantages de voir les opportunités et les ressources disponibles plutôt que de se concentrer sur les limitations

- En adoptant une perspective de gratitude et d'abondance, vous êtes mieux capable de voir les opportunités et les ressources disponibles dans votre vie financière, ce qui vous permet de capitaliser sur ces avantages pour atteindre vos objectifs.

- Plutôt que de vous concentrer sur ce qui vous manque ou sur les limitations que vous rencontrez, la gratitude vous permet de vous concentrer sur ce que vous avez déjà et sur les possibilités qui s'offrent à vous pour créer plus d'abondance dans votre vie.

- Cette perspective positive et proactive vous permet de développer une attitude de croissance et d'optimisme, ce qui vous rend plus résilient face aux défis et plus ouvert aux opportunités qui se présentent à vous.

En pratiquant régulièrement la gratitude et en adoptant une perspective d'abondance, vous renforcez votre mindset de richesse et vous créez un terrain fertile pour attirer plus de succès financier et de bonheur dans votre vie.

7.7 La recherche continue de connaissances

La recherche continue de connaissances est un élément essentiel pour développer votre intelligence financière et renforcer votre mindset de richesse. Voici quelques points clés à considérer, ainsi que des stratégies et des habitudes pour rester informé des tendances et des opportunités financières :

1. L'importance de l'apprentissage continu pour développer votre intelligence financière

- L'éducation financière est la clé du succès financier à long terme. Plus vous en savez sur les principes financiers et les stratégies d'investissement, plus vous serez capable de prendre des décisions éclairées et de maximiser vos gains.

- L'apprentissage continu vous permet de rester agile et adaptable dans un monde financier en constante évolution. En vous tenant informé des nouvelles tendances, des innovations et des opportunités, vous pouvez ajuster vos stratégies pour rester compétitif et prospérer.

2.Les stratégies pour rester informé des tendances et des opportunités financières

- Suivez les actualités financières : restez informé des événements économiques mondiaux, des politiques gouvernementales et des fluctuations des marchés financiers en lisant des publications spécialisées, en regardant les nouvelles et en suivant des sources d'information fiables.

- Faites des recherches approfondies : consacrez du temps à la recherche et à l'analyse des opportunités d'investissement et des produits financiers. Utilisez des outils en ligne, des rapports de recherche et des analyses pour vous aider à prendre des décisions éclairées.

- Participez à des séminaires et des conférences : assistez à des événements éducatifs et des présentations données par des experts en finance et en investissement pour obtenir des conseils pratiques et des perspectives professionnelles sur les tendances du marché et les meilleures pratiques financières.

3. Les habitudes de lecture, d'étude et de formation pour alimenter votre mindset de richesse

- Lisez régulièrement des livres sur la finance et l'investissement : consommez des livres et des articles écrits par des experts en finance personnelle, en investissement et en entrepreneuriat pour enrichir vos connaissances et votre compréhension des principes financiers fondamentaux.

- Suivez des cours en ligne : inscrivez-vous à des cours en ligne sur des plateformes d'apprentissage telles que Coursera, Udemy ou Khan Academy pour acquérir de nouvelles compétences et approfondir votre compréhension de sujets financiers spécifiques.

- Participez à des groupes de discussion et des forums : échangez des idées, des conseils et des expériences avec d'autres personnes intéressées par la finance et l'investissement en rejoignant des groupes de discussion en ligne ou des forums de discussion.

En mettant en pratique ces stratégies et ces habitudes d'apprentissage continu, vous renforcez votre intelligence financière, vous élargissez vos horizons et vous vous donnez les outils nécessaires pour réussir dans vos objectifs financiers et créer une véritable richesse.

CHAPITRE 8 : LA RICHESSE AU-DELÀ DE L'ARGENT

La richesse ne se résume pas seulement à l'accumulation de biens matériels et d'argent. Ce chapitre explore les différentes dimensions de la richesse qui vont au-delà des aspects financiers. Voici quelques sections qui pourraient être incluses dans ce chapitre :

8.1 La richesse en relations

La richesse en relations est un aspect fondamental de notre bien-être et de notre bonheur. Voici quelques points clés à considérer, ainsi que des stratégies pour cultiver des relations positives et épanouissantes, et des conseils pour entretenir des relations saines et harmonieuses avec votre famille, vos amis et vos collègues :

1.L'importance des relations interpersonnelles dans notre bien-être et notre bonheur

- Les relations interpersonnelles sont essentielles pour notre santé mentale, émotionnelle et physique. Avoir des liens solides avec les autres nous procure un sentiment d'appartenance, de soutien et de connexion.

- Les relations positives contribuent à réduire le stress, à renforcer notre résilience face aux difficultés et à accroître notre sentiment de bonheur et de satisfaction dans la vie.

2. Les stratégies pour cultiver des relations positives et épanouissantes

- Cultivez l'empathie : apprenez à écouter activement les autres, à comprendre leurs perspectives et à exprimer de la compassion et de l'empathie envers leurs expériences.

- Soyez authentique : soyez vous-même dans vos relations et partagez ouvertement vos pensées, vos sentiments et vos valeurs avec les autres. L'authenticité favorise des relations plus profondes et plus significatives.

- Investissez du temps de qualité : consacrez du temps et de l'énergie à entretenir vos relations, en planifiant des activités ensemble, en ayant des conversations significatives et en exprimant votre appréciation pour les autres.

3. Les conseils pour entretenir des relations saines et harmonieuses

- Communiquez ouvertement : encouragez une communication ouverte et honnête avec vos proches en exprimant clairement vos besoins, vos attentes et vos limites, et en étant réceptif aux besoins et aux perspectives des autres.

- Pratiquez le pardon : apprenez à pardonner et à laisser aller les ressentiments et les conflits dans vos relations. Le pardon favorise la guérison et la réconciliation, ce qui renforce les liens de confiance et de respect mutuel.

- Respectez les différences : reconnaissez et respectez les différences individuelles dans vos relations, y compris les divergences d'opinions, de croyances et de valeurs. La tolérance et l'acceptation favorisent la compréhension et la coopération.

En mettant en pratique ces stratégies et ces

conseils, vous pouvez cultiver des relations positives et épanouissantes qui enrichissent votre vie et contribuent à votre bonheur et à votre bien-être global.

8.2 La richesse en santé

La richesse en santé est un aspect crucial de notre qualité de vie et de notre capacité à profiter pleinement de nos réussites financières. Voici quelques points clés à considérer, ainsi que des conseils pour maintenir une bonne santé physique, mentale et émotionnelle, ainsi que des habitudes de vie saines et des pratiques d'autosoins pour optimiser votre bien-être :

1. L'impact de la santé sur notre qualité de vie et notre capacité à profiter de nos réussites financières

- Une bonne santé physique, mentale et émotionnelle est essentielle pour profiter pleinement de la richesse et du succès financier. Elle vous permet de vivre une vie active, épanouissante et significative, et de tirer le meilleur parti de vos accomplissements financiers.

- La santé affecte également votre productivité, votre créativité et votre capacité à prendre des décisions éclairées, ce qui peut avoir un impact direct sur votre réussite professionnelle et financière.

2. Les conseils pour maintenir une bonne santé physique, mentale et émotionnelle

- Priorisez le sommeil : assurez-vous de dormir suffisamment chaque nuit pour recharger votre corps et votre esprit. Un sommeil de qualité est essentiel pour maintenir une santé physique, mentale et émotionnelle optimale.

- Faites de l'exercice régulièrement : intégrez une activité physique régulière dans votre routine quotidienne pour renforcer votre système immunitaire, améliorer votre santé cardiovasculaire et réduire le stress et l'anxiété.

- Pratiquez la gestion du stress : adoptez des techniques de relaxation telles que la méditation, la respiration profonde, le yoga ou la visualisation pour réduire le stress et favoriser un état d'esprit calme et équilibré.

- Cultivez des relations positives : entourez-vous de personnes qui vous soutiennent, vous encouragent et vous inspirent. Les relations positives contribuent à votre bien-être émotionnel et social.

3. Les habitudes de vie saines et les pratiques d'autosoins pour optimiser votre bien-être

- Adoptez une alimentation équilibrée : consommez une variété d'aliments nutritifs, tels que des fruits, des légumes, des protéines maigres et des grains entiers, pour maintenir une santé physique optimale.

- Accordez-vous des pauses régulières : prenez le temps de vous détendre, de vous reposer et de vous ressourcer tout au long de la journée. Les pauses régulières favorisent la récupération et la revitalisation.

- Pratiquez la gratitude : prenez le temps chaque jour pour reconnaître et apprécier les aspects positifs de votre vie, ce qui renforce votre bien-être émotionnel et mental.

En intégrant ces conseils et ces habitudes de vie saines dans votre quotidien, vous pouvez maintenir une bonne santé physique, mentale et émotionnelle, ce qui vous permet de profiter pleinement de vos réussites financières et de vivre une vie épanouissante et gratifiante.

8.3 La richesse en temps

La richesse en temps est aussi précieuse que toute autre forme de richesse, car une gestion efficace du temps peut avoir un impact significatif sur votre qualité de vie et votre succès dans la poursuite de vos objectifs. Voici quelques points importants à considérer, ainsi que des stratégies et des techniques pour optimiser votre temps :

1. La valeur du temps et la façon dont nous le gérons

- Le temps est une ressource limitée et précieuse qui ne peut pas être renouvelée. Chaque minute que nous avons est une opportunité pour progresser vers nos objectifs et vivre une vie épanouissante.

- La gestion du temps implique de prendre des décisions judicieuses sur la manière dont nous utilisons nos heures et nos jours, en accordant la priorité aux activités qui sont alignées sur nos valeurs et nos objectifs les plus importants.

2.Les stratégies pour optimiser votre temps et établir des priorités en fonction de vos valeurs et de vos objectifs

- Identifiez vos objectifs : déterminez ce qui est vraiment important pour vous dans la vie, que ce soit sur le plan professionnel, financier, personnel ou relationnel. Utilisez ces objectifs comme guide pour prendre des décisions sur la manière d'allouer votre temps.

- Établissez des priorités : hiérarchisez vos tâches et vos activités en fonction de leur importance et de leur urgence. Concentrez-vous d'abord sur les activités qui contribuent le plus à la réalisation de vos objectifs les plus importants.

- Pratiquez la planification : consacrez du temps chaque jour ou chaque semaine pour planifier vos activités et établir un calendrier réaliste. Cela vous permet de rester organisé, de minimiser les distractions et de maximiser votre efficacité.

3. Les techniques de gestion du temps pour améliorer votre productivité et votre équilibre entre vie professionnelle et vie personnelle

- Utilisez la technique Pomodoro : travaillez en blocs de temps de 25 minutes suivis de courtes pauses. Cette méthode favorise la concentration et la productivité en limitant les distractions et en évitant le surmenage.

- Pratiquez la délégation : identifiez les tâches qui peuvent être déléguées à d'autres personnes, que ce soit au travail ou à la maison. Cela vous permet de vous concentrer sur les activités qui exigent vraiment votre expertise et votre attention.

- Protégez votre temps personnel : définissez des limites claires entre votre vie professionnelle et votre vie personnelle en réservant du temps pour les loisirs, la famille et les activités qui vous ressourcent. Apprenez à dire non aux demandes qui ne sont pas alignées sur vos priorités et vos valeurs.

En mettant en pratique ces stratégies et ces techniques de gestion du temps, vous pouvez optimiser votre emploi du temps, améliorer votre productivité et votre équilibre entre vie professionnelle et vie personnelle, et ainsi profiter pleinement de votre richesse en temps pour atteindre vos objectifs et mener une vie épanouissante.

8.4 La richesse en expériences

La richesse en expériences est un aspect essentiel de la vie, car ce sont ces moments qui façonnent nos souvenirs, enrichissent notre existence et nous permettent de grandir en tant qu'individus. Voici quelques points importants à considérer, ainsi que des conseils pour créer des souvenirs durables et tirer le meilleur parti de chaque opportunité :

1. L'importance de vivre des expériences significatives et enrichissantes

- Les expériences sont ce qui donne de la couleur et du sens à notre vie. Elles nous permettent de découvrir de nouveaux horizons, de nous connecter avec les autres, et de nous épanouir en tant qu'êtres humains.

- Les expériences significatives contribuent à notre bonheur et à notre bien-être général en nous procurant des moments de joie, d'accomplissement et de satisfaction personnelle.

2. Les conseils pour créer des souvenirs durables et tirer le meilleur parti de chaque opportunité

- Soyez présent dans l'instant : faites un effort pour être pleinement présent et engagé dans chaque expérience que vous vivez. Éloignez-vous des distractions et concentrez-vous sur ce qui se passe autour de vous.

- Ouvrez-vous aux nouvelles expériences : soyez curieux et aventureux en explorant de nouveaux lieux, en essayant de nouvelles activités et en rencontrant de nouvelles personnes. Laissez-vous surprendre et enrichir par les découvertes que vous faites.

- Créez des souvenirs tangibles : prenez des photos, tenez un journal ou créez des albums de souvenirs pour immortaliser vos expériences et revivre ces moments précieux dans le futur.

3. Les avantages de sortir de sa zone de confort et de se lancer dans de nouvelles aventures

- Sortir de sa zone de confort permet de stimuler la croissance personnelle en vous mettant au défi d'explorer de nouveaux territoires, d'apprendre de nouvelles compétences et de repousser vos limites personnelles.

- Les nouvelles aventures offrent également l'opportunité de développer des perspectives différentes, d'acquérir de nouvelles connaissances et de nouer des liens plus forts avec les autres, ce qui enrichit votre vie sur de multiples niveaux.

En adoptant une attitude ouverte et en cultivant une appréciation pour les expériences significatives, vous pouvez enrichir votre vie, créer des souvenirs durables et embrasser pleinement les opportunités qui se présentent à vous. La richesse en expériences vous permet de vivre une vie pleine de sens, d'aventure et d'épanouissement personnel.

8.5 La richesse en contribution sociale

La richesse en contribution sociale est une forme précieuse de richesse qui peut apporter des bénéfices non seulement à ceux qui sont aidés, mais aussi à ceux qui donnent. Voici quelques points importants à considérer, ainsi que des informations sur les différentes façons de contribuer à la société et les avantages personnels et collectifs de la contribution sociale :

1. L'impact positif de l'engagement social et de l'aide aux autres

- L'engagement social et l'aide aux autres peuvent avoir un impact profond sur les individus, les communautés et la société dans son ensemble. Cela peut aider à réduire les inégalités, à renforcer les liens sociaux et à promouvoir le bien-être général.

- Donner de son temps, de ses compétences

ou de ses ressources pour aider les autres peut également apporter un sentiment de satisfaction personnelle, de connexion sociale et de réalisation de soi.

2.Les différentes façons de contribuer à la société

- Bénévolat : offrir son temps et ses compétences pour soutenir des organisations caritatives, des initiatives communautaires ou des causes sociales qui vous tiennent à cœur.

- Mentorat : partager votre expérience, vos connaissances et vos compétences avec d'autres personnes, en particulier les jeunes, pour les aider à réaliser leur potentiel et à atteindre leurs objectifs.

- Philanthropie : faire des dons financiers à des organisations caritatives ou à des projets sociaux pour soutenir des initiatives qui font une différence positive dans la société.

3.Les avantages personnels et collectifs de la contribution sociale

- Pour les individus : la contribution sociale peut apporter un sentiment de satisfaction et de bien-être, renforcer la confiance en soi, élargir les réseaux sociaux et offrir des opportunités d'apprentissage et de croissance personnelle.

- Pour les communautés : l'engagement social peut renforcer le tissu social, favoriser l'inclusion et la diversité, et stimuler le développement économique et social à long terme.

- Pour la société dans son ensemble : la contribution sociale peut contribuer à résoudre des problèmes sociaux complexes, à promouvoir la justice sociale et à créer un monde plus équitable et durable pour tous.

En contribuant activement à la société, vous pouvez enrichir votre vie et celle des autres, tout en contribuant à construire un monde meilleur pour les générations futures. La richesse en contribution sociale est une forme de richesse profondément gratifiante qui peut avoir un impact durable sur le bien-être de chacun.

8.6 La richesse spirituelle

La richesse spirituelle va au-delà des possessions matérielles et concerne l'exploration de votre dimension intérieure, de vos valeurs profondes et de votre connexion avec quelque chose de plus grand que vous-même. Voici quelques points importants à considérer, ainsi que des informations sur les pratiques spirituelles pour cultiver la paix intérieure, la gratitude et la connexion :

1. L'exploration de votre dimension spirituelle et de vos valeurs profondes

- La richesse spirituelle implique d'explorer et de nourrir votre dimension intérieure, en vous connectant avec vos valeurs fondamentales, votre but dans la vie et votre relation avec quelque chose de plus grand que vous-même.

- Cela peut impliquer une réflexion sur des questions existentielles telles que le sens de la vie, la nature de la réalité, et la quête de la vérité et de la transcendance.

2. Les pratiques spirituelles pour cultiver

la paix intérieure, la gratitude et la connexion

- Méditation : pratiquez la méditation pour cultiver un état de calme intérieur, de clarté mentale et de présence consciente. La méditation peut vous aider à vous connecter avec votre essence spirituelle et à développer une plus grande conscience de vous-même et du monde qui vous entoure.

- Prière : engagez-vous dans des pratiques de prière ou de contemplation pour établir une connexion avec une force spirituelle ou une puissance supérieure. La prière peut être une source de réconfort, de guidance et de gratitude.

- Cultiver la gratitude : pratiquez la gratitude en prenant régulièrement le temps de reconnaître et d'apprécier les nombreuses bénédictions et les moments de beauté présents dans votre vie. La gratitude renforce votre connexion avec quelque chose de plus grand que vous-même et vous permet de vous sentir plus ancré et épanoui.

- Service altruiste : engagez-vous dans des actes de service désintéressé pour aider les autres et contribuer au bien-être de la communauté. Le service altruiste vous connecte avec votre compassion et votre empathie, et vous permet de ressentir un sentiment de connexion et de plénitude spirituelle.

En explorant votre dimension spirituelle et en vous engageant dans des pratiques spirituelles significatives, vous pouvez cultiver une richesse intérieure qui transcende les possessions matérielles et vous apporte un sentiment de paix, de gratitude et de connexion profonde avec quelque chose de plus grand que vous-même. La richesse spirituelle est une source de force et de soutien qui peut enrichir tous les aspects de votre vie.

CONCLUSION

En conclusion, le chemin vers la richesse est un voyage personnel et unique pour chaque individu. Alors que nous poursuivons nos objectifs financiers et matériaux, il est essentiel de se rappeler que la véritable richesse ne se mesure pas seulement en termes de possessions ou de succès extérieur, mais aussi en termes de richesse intérieure, de bien-être et d'impact positif sur la société.

Au cours de ce voyage vers la richesse, l'intégrité joue un rôle central. En restant fidèle à nos valeurs fondamentales et en agissant avec honnêteté et éthique, nous construisons une base solide pour notre succès financier et personnel. De plus, la générosité et l'impact positif sur la société sont des aspects essentiels de la richesse véritable. En partageant notre abondance avec les autres et en contribuant à améliorer le bien-être de la communauté, nous enrichissons non seulement nos propres vies, mais aussi celles des autres.

En fin de compte, le chemin vers la richesse est un voyage holistique qui englobe tous les aspects de notre être - financier, spirituel, social et émotionnel. En cultivant une approche équilibrée de la richesse et en reconnaissant l'importance de l'intégrité, de la générosité et de l'impact positif sur la société, nous pouvons créer une vie véritablement enrichissante et gratifiante pour nous-mêmes et pour les autres.

ÉPILOGUE

Dans cet épilogue, nous réaffirmons que la richesse, bien plus qu'un simple amas de biens matériels, est un moyen de réaliser nos aspirations les plus profondes et de contribuer positivement au monde qui nous entoure. Ce livre a cherché à offrir une perspective éclairée sur la création de richesse, mettant en lumière qu'il s'agit d'un processus complexe et dynamique, nécessitant des connaissances, des compétences et une mentalité propice.

Il encourage les lecteurs à développer une relation saine avec l'argent, en reconnaissant à la fois sa valeur et ses limites. Il souligne l'importance d'acquérir les compétences nécessaires pour gérer efficacement ses finances et d'adopter une approche proactive pour atteindre ses objectifs financiers. Tout en reconnaissant le rôle crucial de la richesse matérielle dans nos vies, ce livre insiste également sur la nécessité de rechercher un équilibre global, en favorisant le bien-être physique, émotionnel et spirituel, ainsi que des relations enrichissantes et un sens profond de contribution à la société.

En fin de compte, la poursuite du bonheur et de l'épanouissement va bien au-delà de l'accumulation de richesses matérielles. C'est un voyage qui demande une réflexion profonde, un engagement envers nos valeurs fondamentales et une ouverture à la croissance personnelle. En intégrant ces principes dans notre vie quotidienne, nous pouvons non seulement prospérer financièrement, mais aussi trouver un sens plus profond de satisfaction et de plénitude dans toutes les dimensions de notre existence.

www.ingramcontent.com/pod-product-compliance
Lightning Source LLC
Chambersburg PA
CBHW050059230526
45470CB00004B/1602